守正创新

诗与思

例谈我的语文教学观

黎丽 著

东北师范大学出版社

长 春

图书在版编目（CIP）数据

守正创新诗与思：例谈我的语文教学观 / 黎丽著
. 一 长春：东北师范大学出版社，2021.3
ISBN 978-7-5681-7613-2

Ⅰ . ①守… Ⅱ . ①黎… Ⅲ . ①小学语文课—教学研究
Ⅳ . ①G623.202

中国版本图书馆CIP数据核字（2021）第044414号

□责任编辑：石　斌　　　　□封面设计：言之凿
□责任校对：刘彦妮　张小娅　□责任印制：许　冰

东北师范大学出版社出版发行
长春净月经济开发区金宝街 118 号（邮政编码：130117）
电话：0431-84568115
网址：http：// www.nenup.com
北京言之凿文化发展有限公司设计部制版
北京政采印刷服务有限公司印装
北京市中关村科技园区通州园金桥科技产业基地环科中路 17 号（邮编：101102）
2021年3月第1版　2021年5月第1次印刷
幅面尺寸：170mm×240mm　印张：15.5　字数：243千

定价：45.00元

序言

守正，坚守语文本色；

创新，彰显课堂魅力；

创新，让语文光彩重生。

从初涉教坛，到今日偶有所得，历时二十五载有余。

我，实在算不得"别人家的孩子"。

对标名师成长，一年站稳，三年登台，五年成名……我，成长缓慢，羞于自夸，自觉不宜做青年教师眼中的"标杆"。

对比浙派大师、京派名师、蜀中才俊……我，愧形于没什么拿得出手的压箱底绝活儿，更是汗颜在语文教育教学的路上还未能真正登堂入室，著书立说。

今日能有机会集结成著，皆因生活工作在广东这片改革开放的前沿和热土上，实乃人生一大幸事。为此，在不断地自思自省中，我想，唯一的理由也许就是"爱"，爱语文的诗与思，爱孩子的笑与真，爱校园的宁静与鲜活，爱教育的质朴与美好……

时间历练，岁月沉淀，自然心生欢喜，有了坚守的初心，有了一步一步走下去的勇气和动力，不气馁，不放弃。于是，语文，把一个笨拙的人变成了一个喜欢思考，喜欢尝试，喜欢教育，喜欢课堂，喜欢琢磨怎么才能教好、做好的人。

这本书里面的文章是我从教二十多年来的所思所写、所研所教，以及所主张、所践行。综观全书，思想不一定系统，体例也非鸿篇巨制，但管中窥豹，透过这一方小小的文字，可以表达我对当下语文教学的一些思考和主张，故此觉得亦是一件幸事，愿尽全力梳理著述。

同时，此书能出版，也感谢一路走来陪伴我、教导我、鼓励我、支持我、帮助我的家人、朋友和共同奋斗在教育教学领域的领导同行，有他们的爱相守，才有我的思与行！

最后谨以此书纪念我的父亲，一位引我走上教育道路，并在我为师之初，教书育人遇到挫折，偶有抱怨，甚至起念转行时，提醒我、告诉我"每个孩子都是一张白纸"，"天底下没有教不好的学生，只有不会教的老师"，成为我育人生涯的第一位真正导师。

至今，斯人已逝，言犹在耳，振聋发聩，促我时时内省精进，丝毫不敢松懈！

黎 丽

2020年10月15日晨于广州

目录

第三辑

创新课堂　光彩重生

第一辑

成长档案

风格解读

长成一棵美丽的香花树

——我的名师成长故事

成长，是一个永恒的话题。成功，是一份不懈的追求。

20多年的执着耕耘，让我在付出艰辛汗水的同时，也从一个默默无闻的一线教师，成长为市区名师工作室主持人。回顾名师之路，我的专业成长并非一帆风顺，其间也经历过彷徨迷茫、摇摆失意甚至倦怠退缩，仿如《诗经·蒹葭》所云："溯洄从之，道阻且长。溯游从之，宛在水中央。"

心之所安，语文是吾乡

遥记1995年6月，刚从广州师范学院毕业，我带着涉世未深的些许憧憬和对未来工作的期许，被分配到一所刚刚成立的学校。9月开学在即，除了教学楼主体建筑刚落成，配套的体育馆、操场还没动工，教学楼里课室及专用场室的配套建设也未完成，整个学校看起来就像一个大工地，办学条件极为艰苦。校长见我学历虽高（是当时分配到市桥镇属下小学任教的第一位本科生），但毕竟是新手，实习也是在中学，并不熟悉小学课堂，就安排我从头学起，先任教一年级语文兼做班主任。

刚开始那几个月，我非常不适应，感觉每天都是度日如年，因为在一切工作面前都是新手，教学无经验，对教材、课程标准不熟悉，对一年级小孩子的心理、学习、行为规范无认知，再加上家长对新学校、新教师的质疑和不信任，我感觉一切都措手不及。他们大部分说的是粤语，有的连学前班都没上过，有的连普通话都听不懂，上课"a、o、e"不会读，写字不会看田字格，一笔一画要手把手地教……在近乎崩溃之余，我愤然感慨满腔的语文情怀、深厚的语文功底，在六七岁的小孩子面前是"高射炮打蚊子——大材小用"，这和我想象中的教育简直是天壤之别。面对一群话都说不溜的小屁孩，我哪有机会和他们高谈阔论文学名著、诸子百家啊！一股强烈的失落感、挫败感让我心里有无数个委屈和不情愿，甚至萌生了退意。

20世纪90年代的广东是改革开放的热土，机遇处处都是，很多职业都比做教师吃香，同学中也有很多跳槽的。这一年，我想过另外求职转行不做教师，也想过最起码换个单位调到中学，教小学实在是太委屈了。最后我也终于等来了这个机会，当第一年结束的时候，恰好附近有一所中学新成立，需要教师，了解过我不安分想法的校长也主动问起我是否想转到中学去，这时，我反而犹豫了，因为面对这一重要人生抉择，去，意味着摆脱了小学教师杂而不专的繁重琐碎，可以更专一于语文教学，实现我的教育理想；不去，意味着我可能真的要在小学待上一辈子，以后再想调离转型就更难上加难了！几经思考，我审慎地拒绝了校长的提议。因为我发现，这时恰恰最能打动我、留下我的就是这班相处一年的孩子，我舍不得他们的纯与真。为此，我拿定主意留在小学，做一名合格称职的孩子王，带着他们遨游语文天地，感受汉语言文化之美。

站在今天，回首过去，我感恩一切的历练，因为从最初名不见经传的东城二小、番师附小，再到今天的德兴小学、小平小学，一路走来，我得到了校长、同事和家人、朋友不断的关心与鼓励。因此，当我下决心在这个岗位上坚守下去的时候，在众多教育前辈及领导同行的帮助支持下，通过不断的磨砺，逐渐坚定前行的步伐，享受为师者的幸福，领悟教育的真谛。

不积跬步，无以至千里

要成长，首先就得在专业上下功夫。语文课堂，是我和孩子共同的生命旅程。我在备课、磨课、上课中和自己较起了劲。因为自1995年从师范毕业成为三尺教坛的孩子王，我的心头就始终萦绕着一个绚丽的梦：带孩子徜徉于语文的殿堂，触摸人类文明的灿若星河与浩瀚光辉。

当我安下心在小学教书的时候，审视观照中却发现自己在教育领域的贫

3

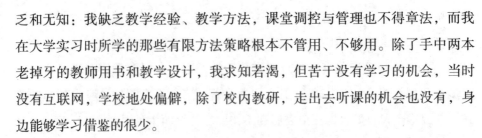

乏和无知：我缺乏教学经验、教学方法，课堂调控与管理也不得章法，而我在大学实习时所学的那些有限方法策略根本不管用、不够用。除了手中两本老掉牙的教师用书和教学设计，我求知若渴，但苦于没有学习的机会，当时没有互联网，学校地处偏僻，除了校内教研，走出去听课的机会也没有，身边能够学习借鉴的很少。

这时，校长又"走"了出来，他主动做我师傅，一句一句地教我范读时如何声情并茂、抑扬顿挫，增强教学语言的感染力；当外部有机会的时候，他安排我去学习，带我去拜访教育专家取经；同时，一有听课就安排来我班，不断压担子、给机会，让我尝试，即使失败了也不要紧。这样的状况一直持续到第三年，我终于在教坛初步站稳了脚跟，能上几节有板有眼的课，评课时不再被批得"灰头土脸"，同时能把自己的"豆腐块"发表在一些教学教研刊物上。孩子们喜欢我，家长也慢慢开始认同我的工作，不再纠缠于是否让孩子转校或转班，我初步尝到了教育的喜悦滋味。

其实，作为学校里的青年小辈，学校领导在工作中压担子是不可避免的，我从来没有视之为苦差事，即使年岁渐长，我也觉得一次任务就是一次锻炼，总是抱着一种尝试挑战的心态"坦然"接受。不会，就捧来一摞一摞的参考书，反复研读精思；不懂，就一句一句地向同行虚心请教，细细琢磨。一步一个脚印，一次又一次地磨砺锻炼，我始终怀着一颗敬畏生命、尊重教育的初心，关注教育细节，捕捉教育生活，审视教育行为，聚焦教育问题，用心记录教育的点滴感悟。随着时间的推移，我的教学设计和论文纷纷获奖并发表，课堂也渐渐形成了自己的风格。随着时间的推移，我辅导的学生、指导的教师也纷纷获奖，教学也慢慢形成朴素自然、灵动扎实的风格，执教及指导课例也分获全国省市等不同级别的奖项。

赴港交流，碰撞中成长

2007学年是我教育生涯中特殊而难忘的一年。2007年，恰逢中国香港回归祖国怀抱十周年。在粤港澳协作交流的大背景大框架下，这一年的3—6月，经过省、市、区、镇各级教育行政部门的逐层遴选把关，最后获广东省教育厅考试通过，成为番禺区首位赴中国香港支教交流一年的语文教学顾问。

在广东省教育厅的组织安排下，我们于8月31日集中赴港，9月1日准时到中国香港教育局报到。鉴于两地教育的巨大差异，在省厅和中联办的协同下，中国香港教育局先为我们安排了两周的短期集训，了解中国香港教育现状和各类学校的一些基本情况，以便在未来一年更好地开展教学工作。9月中旬开始驻校开展中国语文学科、普通话科等的教学支援工作，我对口驻点的两所学校分别是位于青衣的保良局世德小学和位于屯门的青山天主教小学。

赴港短短两个月，我迅速调整心态，积极适应两地文化、生活及教学差异，主动与香港学校、香港教师、香港学生沟通，了解他们的教学需求和困惑，制订适切的指导策略和方案，快速融入驻校工作当中。2007年11月，中国香港教育局准备主办2007—2008年度交流人员赴港的第一次大型教师专业发展研讨活动，当时很多教师还在刚下校的"晕晕"适应和磨合中，我主动承担了授课这块"硬骨头"，积极与学校沟通，与校长沟通，与学科组沟通，争取支持，通过思、磨、备、议，于2007年11月14日面向全港教师执教了一节汉语拼音《复韵母ao与ou》的教学研讨课，精彩的课堂教学受到中国香港教育局和本土教师的高度肯定，鲜活灵动、朴实高效的课堂教学给他们留下了深刻印象，也增强了我继续做好中国语文教学支援工作的信心。赴港期间，我还悉心指导所驻学校的刘惠玲老师执教听说课《回到古代做访问：我要成功》。该课例成功入选中国香港教育局"用普通话教授中国语文科教学资源光盘"，向全港学校提供丰富有效的"普教中"校本经验分享。我担任"普教中"课题研习小组组长，带领组员为中国香港教师开展内容精彩而富有实效的教学研讨活动。在中国香港教育局《交流协作计划中期特刊》上发表《ao与ou课堂教学实录》，参与中国香港教育局《交流协作计划周年特刊》的编审、撰稿工作；2008年面向全港学校的领导教师主持两场以"构建学校文化，优化语文课程，稳步推进普教中"为主题的大型专题分享会。在这一年里，互访周、工作坊、两地交流、阶段展示、周年分享会等教研活动精彩纷呈，我累计主持专业发展活动23场次，总计562人参与；出席专业发展活动26场次，总计110小时，出色的工作赢得省教厅和中国香港教育局的高度肯定和表彰。

赴港一年，虽然文化有差异，教法有异同，思维有碰撞，但因其独特的魅力，成为我人生中一段难得而又特别的体验与经历，我从中既感受到了中国香港独特的文化魅力，又深感自己身上还承载了一份传播推广粤派教育的光荣职责和使命，也感受到了自己作为一位小语人的专业成长。

辐射引领，砥砺中绽放

赴港归来，我担任"广州市中小学名班主任培养对象"培训班导师，全身心投入语文教育教学，积极参与课堂教学改革研究，主动发挥辐射引领作用，为省市区镇及香港等地教师进行论坛讲座、课例观摩、教学点评等专业交流活动，累计达60多场次。除香港、五华、广州、深圳、东莞、百色等地外，番禺区内市桥、沙湾、石碁、钟村、化龙、榄核等镇街学校都洒下了我热情参与语文教学改革，分享教研经验，指导教师成长的辛勤汗水。

无论是初出茅庐的小辈，还是后来逐渐成长为市区骨干、名师，我都没有放弃自己的钻研之路，因为我相信工作中被压担子是教师的职业"宿命"，勇于担责、敢为人先才是岭南精神的精髓。从校内研讨课、推门课，到片区教研课、市区公开课……我总是悉心准备，精彩呈现。

比如，在穗港两地教育观摩交流活动中，为便于中国香港教师观课学习，因应他们的要求，我抛弃常规做法，大胆采用"内地学生+香港教材"的模式，承担市"穗港小学语文教学观摩现场会"展示课例，一节课下来，在交流评课环节得到市区教研室及中国香港中文大学教学观摩团高度赞誉，执教的香港启思版教材课例《杨柳》（该文选自丰子恺先生散文改编而成）入选香港中文大学教师培训教材，并受邀到中国香港中文大学进行讲学交流。在番禺区中小学全面推进"研学后教"课改浪潮的时候，我勇于做"第一个吃螃蟹"的人，承担了市桥城区和番禺区小学"研学后教"课堂教学改革之教学课例展示的"首秀"，在短短一个月内，分别执教了《伯牙绝弦》和《这片土地是神圣的》两节大型教研展示课，作为研学后教课堂教学改革的新阵地、新事物，全区一线教研员、中小学校长、骨干教师纷纷进入课堂观课取经，在全区产生了很大反响，大家认为我执教的课例理论性与实操性强，既呈现浓厚的研学味，又具有深厚的语文味……

成长，没有捷径；成功，没有坦途。名师的成长既需要仰望星空的信念，又需要勇攀高峰的坚韧，更需要不断完善自我、丰富才情的执着追求，愿与所有热爱小学语文教育并全身心投入的教师同行进，共成长！

智慧灵动　沉稳大气

——我的教学风格解读

教学风格，是指教师开展教育教学活动的特色，是一位教师在长期的教育教学实践中，结合其教育思想、个性特点、教育技巧等表现出来的一种富有个性化，具有艺术性的风貌和格调，其形成是教师在教学艺术上从初出茅庐到日趋成熟的标志。参加工作至今，对我教育思想和教学实践产生影响的教育专家有很多，从老一辈来说，国外的有苏联的苏霍姆林斯基、国内的有陶行知，现代的先后有贾志敏、于永正、靳家彦，中生代影响最大的是王崧舟、薛法根、窦桂梅三位。其中，苏霍姆林斯基的教育思想，老一辈贾志敏老师的作文教学，于永正老师多个课例的教学实录，王崧舟老师的诗意语文，薛法根老师的板块教学，窦桂梅老师的主题教学等对我的语文教学观都影响极大。

执教20多年间，从一个稚嫩青涩的教坛新手，我不断在观摩体悟中学习前进。为了提升，我反复观摩或研究前辈的教学课例、教学实录，体察每一份教学设计的精妙，寻找每一个教学环节背后教学理念的支撑力度，揣摩每一句教学语言组织的精当，适时运用电教设备或辅助媒体的巧妙；我研究课标，研究教材，研究课堂，研究学生；在尝试中运用，在运用中参悟，在参悟中学习，在学习中汲取，在汲取中丰盈。通过不断的"观察—学习—思考"，"运用—比较—总结"，循环往复，乐此不疲。通过一节又一节的磨课执教，我的教育教学风格也日渐形成，日渐成熟。

一、智慧灵动，彰显语言文字魅力

智慧缘于知识，灵动缘于创造。知识本身就具备智慧之美、思维之美。人类自从产生文明的火种以来，就是通过语言的口耳相传或文字的记录去传播文化，播撒文明，语言文字是文化的重要载体。智慧灵动的课堂追求缘于我对语文教学孜孜不倦的坚守与实践，源于对语文学科特点的准确把握，缘于对语文学科知识的透彻理解与重构。

语文课程致力于培养学生的语言文字运用能力，提升学生的综合素养。它是一门学习语言文字运用的综合性、实践性课程。在教学实践中，教师要有一双慧眼，抓住教材中文本独特的表达形式，灵活处理，引导学生进行言语的模仿迁移，通过听说读写的充分训练，调动学生的各种感官和情感，提高语文核心素养。

比如，在一次低年级绘本阅读课的试教磨课中，执教教师想借助绘本中的插图和句子对学生进行说话训练。为此，她精心设计了两个梯度的句式训练，由易入难。第一次说话训练是"小螃蟹的朋友可真多啊，有（　　　），有（　　　），还有（　　　）"。第二次说话训练是"小螃蟹的朋友可真多啊，有（外形像蘑菇的水母），有（　　　）的海龟，还有（　　　）的章鱼"。第一次侧重于说出故事中有什么，第二次侧重于说出小动物的外形特点。从教学的出发点来说非常好，但实际教学效果却不尽如人意。第一个句式练说不难，不同层次的学生也能轻易解决。但到第二次练说的时候困难就来了，即使优秀的学生也说不出，就算教师大胆鼓励、提醒点拨，学生也只能结结巴巴地说出只言片语，这与教师在备课中的预设差距甚大。在评课交流中，我鲜明地指出：一节好课，教师只有美好意愿不足以支撑教学任务的完成，在备课中还要充分考虑学生的年龄层次、认知水平和知识储备等能力。今天课例试教的是一年级学生，他们从幼儿园升入小学才两个月，虽然课堂规范初步形成，也有学习表达的意愿，但语文学习还处在一个比较懵懂的启蒙阶段。第二次练说训练设计的难度在于总分句式既抽象，概括性又强，而且要求学生一下子连续说出三种动物的外形特点，还要用上打比方的修辞法，这对一年级的孩子来说难度确实太大了，他们相当一部分连绘本中的字都还不认识，理解故事主要靠看配图和听教师说。在理解不到位的情况下，又谈何表达？

故此，我建议她保留第一个句式练说，让学生初步感知不同的句式表达魅力，删除第二个句式训练，将此环节调整为想象训练，将重点放在想象练说上，引导学生观察小动物，能用自己的语言说出水母、海龟、章鱼的外形特点即可。经此调整，在第二次试教中，她欣喜地告诉我学生的说话不难了，有的说海龟背着个硬硬的壳，像一艘潜水艇在海里威风地划来划去；有的说水母的身体软软的，像一团棉花；有的说章鱼的触须长长的，像一根根飘带。同时，学生对动物外形特点的理解深入，有助于对故事后续情节发展的阅读理解和绘本故事本身所传达主旨的感知，言语习得和情感思维碰撞一举两得。

教材重视引导学生进行语言文字的运用实践，相关内容的编排，不是生硬地传授语言文字知识，而是从学生语文学习面临的实际问题和语文生活的实际需求出发，选择恰当的要点，以具有实效的形式加以呈现，以此巩固学生的语言认知和言语运用，强化言语的习得。

叶澜教授在《让课堂焕发出生命的活力》一文中说："每一个热爱学生和自己生命、生活的教师，都不应轻视作为生命实践组成的课堂教学，从而激起自觉上好每一节课，使每一节课都能得到生命满足的愿望，积极地投入教学改革。"用这样的理念指导自己的语文教学，是我追求的最高境界。我渴望带领学生一起在语文课堂中发现自然之美、生活之美、语言之美、智慧之美，让五彩缤纷的教学，闪烁着奇异的灵光，在共同探索中寻找智慧之光，在平等对话中感受理趣之美。

课堂在师生平等对话的过程中，才能闪烁出一种流动生成的美，这也是语文能力、语文素养和智慧发展的内在要求。学生们学习的知识是生活中的内容，生成的是"自己的知识"。教学只有与生活接轨才富有活力与灵性。下面是执教语文课《五彩池》中的一个片段：

师：五彩池仿佛是世外桃源，人间仙境。去那里游览一定是我们共同的心愿。假如你是一名游客，打算什么季节去游览呢？你可能会看到什么样的情境呢？先结合课文内容认真想一想，然后全班交流。

生：我冬天去五彩池。下雪了，雪娃娃像一个个小伞兵落到地上，藏龙山成了一块洁白的大地毯，上面还有闪烁着各种颜色的宝石，就像一个童话的世界。

生：我喜欢秋天到五彩池去。金色的落叶在空中飞舞，一不小心投进了水池的怀抱，变成了一只只小船。我也变成了拇指姑娘，坐在小船上到各个池子去玩。

生：我也选秋天去，枫叶红了，松树还是绿的，五彩池更美了。

生：我和他们的想法不一样，我一定等春天去，因为一年之计在于春。

生：我不管季节，只要天气好，是晴天我就去。

师：你的回答与众不同，能谈谈原因吗？

生：因为课文第四段讲了五彩池颜色形成的原因是石笋反射了太阳光。阴天没有阳光，五彩池也就没有颜色了，所以我要选择晴天去。

师：你们的想象太神奇了，可以说春夏秋冬一年四季五彩池都是美丽的。现在我们带着自己的想象再来欣赏欣赏。

从此片段教学可以看出，传统型教师想的是如何把问题讲清楚，创造型教师想的却是如何使课本知识"活"起来。

"处处是创造之地，天天是创造之时，人人是创造之人。"——课堂应该为学生营造良好的"学习场"，使学生真正成为学习的主人、发展的主人。在这样的"学习场"中，创新的火花在闪现，学生可以充分地想象、尽情地表达。

在日常教学中，我经常针对学生的心理特点和已有的知识背景，对教材内容进行科学的处理，引导学生对知识发生、发展的过程进行想象联通、思维再现，形成可操作的教学思路，并根据课堂生成加以适当点拨。任何一本教材都有其局限性，教师在使用教材时，不能以书为上、以文为上，而要以人为上。要善于大胆地发现不足，丰富、拓展教材内容，弥补不足，使学生的认识更加深入，达到学习素养的全面提高，使课堂不仅仅局限于课室、校内，而让学生走进更加广阔的生活大舞台、大课堂。

在教学中，有些教师往往满足于把知识以定论的形式直接呈现在学生面前，学生看到的是思维的结果，而不是思维的过程。教师只有勇于为学生们创设自我展示的大舞台，才能真正使"课堂"为学生的成长、发展服务，学生们才能真正成为时代的领跑者。

课堂教学蕴含着巨大的生命活力，只有师生的生命活力在课堂教学中得到有效发挥，才能真正有助于学生的培养和教师的成长，课堂上才有真正的生活。豁然开朗的课堂教学积蓄着一份智慧之美，把心灵催醒，让我们的学生在共同探索中感悟智慧的灵光，当谜底揭开时，学生们茅塞顿开的眼中，将会闪烁着智慧的光芒。我把教学改革的实践目标定在探索、创造充满生命活力的课堂教学，因为只有在智慧灵动的课堂上，师生才是全身心投入，他们不只是在教和学，还在感受课堂中生命的涌动和成长；也只有在这样的课堂上，学生才能点燃智慧之火，获得多方面的满足和发展，教师的劳动才会闪现出创造的光辉和人性的魅力，教学才不只是与科学，还与哲学、艺术相关，才会体现出育人的本质。因为美的种子从这里萌芽，又从这里生发。教师们只要适时播种，合理灌溉，就能从大处着眼，小处入手，润物于无声，让学生们以儿童的眼，从一粒沙子、一朵野花看出整个世界，乃至整个宇宙。

二、沉稳大气，凸显语文课堂魅力

我是一个心胸豁达、性情平和但又细腻敏感的人，喜欢简单工作、简单生活。我喜欢的一句话是"静若处子，动如脱兔"。工作中，我像兔子一样全力以赴，追求完美；生活中，我又能静下心来，一本书、一杯茶伴我度过闲暇时光。我喜欢读书，喜欢思考，喜欢旅游。读书，让我眼界开阔，腹有诗书气自华；思考，让我哲学思辨，条分缕析严谨端正；旅游，让我亲近自然，体察社会百态。除了经典名著，我还喜欢读闲书，阅杂文，天文地理、山川物志、风土人情、财经时事、政治军事总是略知一二，所以很多时候结合课文或教学中的一些适切点，我会在课堂上娓娓道来，而学生也总是听得津津有味。

全国小语会前会长崔峦先生在全国小语会上所提倡的"简简单单教语文，踏踏实实学语文"对我的教育教学观影响深远。性格上的沉稳形成了我课堂教学沉稳老练、处变不惊的风格。课堂上展现的大气缘于我对语文学科知识的精准把握；缘于我对语文学科课程标准高屋建瓴的熟读于心；缘于我对不同年段学生身心发育、思维特点的了然于心；缘于我多年教学实践积累下来的娴熟的课堂驾驭能力；缘于我因着对方块字的热爱，通读经典美文积累下来的深厚文学素养。

在我的课堂里，教师不是高高在上的指挥者，而是民主对话、平等交流的首席。

任何有效的读写，都必须要有针对性，都要以培养学生语用能力为起点。教师在解读教材时，在文本的语言和表达方式上要多走几个来回，寻找文本特色，精心甄选恰当的教学内容，提取最能凸显教学价值的读写教学资源，巧妙地为学生搭建立体而丰富的读写平台，引领学生学习表达，厚积而薄发，实现语文学习意至而言达，言意兼得的佳境。

还记得有一次语文课上，我布置作业，要学生们把一段美文熟读成诵积累下来，一个思维灵活的小男生在座位上不高兴地叫起来："老师，语文就是死记硬背，一点意思都没有。"全班同学听了顿时哄堂大笑，有几个挤眉弄眼的小捣蛋更是幸灾乐祸地望着我，似乎在想：嘿嘿，老师，看你怎么办？其实乍一听，我也愣住了，没想到这小家伙竟然给我来这样一个当堂吼，真是太不给面子了，但深层次一想，童言无忌，这也真实反映出孩子心中的想法和他们的语文学科观啊！也许这其中还夹杂了社会上不少人对语文学习的一些误解和错误认知，因为在很多人心中有固定思维，认为理科学习的思维含金量才高，文科学习都是脑瓜子不行，靠死记硬背下苦功而已。于是，我与这个小男生展开了一番有意思的对话：

师（不紧不慢地）：哦，真是这样的吗？从表面上看，似乎很多人觉得我们抄生字词、背古诗文是死记硬背。其实，如果一个人没有掌握学习方法，在学习中不进行积极的思考，他无论学哪门知识，都是学不好的。你看，记生字词也好，背古诗文也好，其实都是有方法的，写字我们要观察字的间架结构，背诵我们要理解文章的内容，朗读我们要体会作者的写作情感，如果我们掌握了方法，很快就能写会背；如果语文学习不得法，估计他就是多抄几次、多读几遍，也是猪八戒吃人参果——食不知味，得不到想要的结果。

小男生（摸摸头）：嗯，老师你说的似乎也有道理。

师：而且，语文学习再上升一个层次，就不是识记那么简单了。古人说过目不忘，一目十行。其实，博闻强识是建立在阅读速度和知识面广的基础上的，我们在阅读、学习中联系中外，沟通古今，分析比较，欣赏鉴别，创作表达，那要求就更高了，没有思维的火花，智慧的脑袋，光靠死记硬背可不行。

小男生：老师，我明白了，语文学习也得是"最强大脑"。

……

课堂中的这个小插曲，表面上看与语文学习无关，其实反映的也是教师的学生观、教育观、学科观，以及教师的课堂调控把握能力，关注学生的心灵滋润，习惯养成。只要心中有学生，我们就知道教师的天职不仅是教书，更是育人。

在20多年的语文教学生涯中，我用厚实的人文底蕴、扎实的教学涵养、纯粹的生命敬畏、高远的职业理想、深厚的语文情怀，锻造出一个智慧灵动、沉稳大气的我，我用这样的形象告诉学生："站在讲台上，我就是语文！"

一切美好皆是遇见

——他人眼中的我

生命中有很多种遇见，或许是一种美好，或许是一种知遇，或许是一种伤痛，或许是一种淡然……我和黎老师的遇见，却是一种希望的开始。第一次遇见黎老师，她给我的第一印象是性格沉稳，知识渊博，平和睿智。但慢慢接触，发现她是那么平易近人，激励着每一个人在自我更新中成长、蜕变，走向美好。

2017年3月，我有幸在黎老师门下学习，成为黎老师的"学生"。黎老师不仅关注新教师成长，还乐于帮助新教师。每一次听我的课，黎老师都详细地记录我的教学设计、教学语言、教学方式、对学生习惯的培养等各方面的优缺点，她语气平和，逐条逐点地给我细细点评。这是黎老师对我课堂教学改进的"诊断书"，正是有了这些"诊断"才让我站得更高，看到了更远、更美的风景。

黎老师帮助新教师成长，更关注学生的成长。对待课堂教学细致入微，严格要求，不断改进，助力学生成长。通过高超的教学艺术，和谐的师生关系，调动了学生的积极性，促进学生的全面发展，让学生在快乐中成长。

（徒弟）

我于1999年调入德兴小学，与黎丽亦师亦友近20载。在生活中，我们无话不谈，但在工作中，总感觉她有一股我无法追赶的激情，在语文的原野上不停地逐梦而行。

每篇课文，她都努力引导学生们发现其蕴含的美，力图从课本外引些活

水，激起些微澜。

讲《伯牙绝弦》，学生们在高山流水的琴瑟中感慨知音难觅，也感受到朋友间相互理解、相互欣赏的纯真友情；讲《这片土地是神圣的》，在多次配乐诵读与感悟中，学生们感受到人与自然休戚与共，爱护家园、保护地球的情感油然而生；讲《狼大叔的红焖鸡》绘本阅读课，在大胆猜想中，趣味表演中，学生们明白了合适的夸赞和友善的动作会让别人感到幸福、温暖与快乐，还能改变别人不好的想法……

听黎丽的课，感觉教师、学生、听课者都很享受，或沉思，或对话，或心领神会地微笑……总有所得。

课本之外，她经常引导学生一起读经典，读名篇；与学生一起写诗赏诗，诗海逐浪，学生们玩得不亦乐乎。

能成为她的学生，是幸福的；能与她一起在语文教学上探索的我们，也是幸福的！

（同事）

在我心目中，她不仅是一位好校长，更是一位好教师。她就是我们德兴小学的黎丽老师。陶行知先生说：一位好校长就是一所好学校。黎校长在学校里主管德育工作和语文学科，并担任班级教学工作。在教育教学中，她会把德育融入每一个学科之中，时刻关注学生的心理和生理成长，这一点非常值得我学习。课堂是承载教育生命的舞台，也是一个年轻教师成长的舞台。当我刚踏上这个舞台的时候，是她——可亲可敬的黎老师，在百忙之中亲自手把手指导我如何上好一节一年级的城区公开课。

依稀记得作为一名新手的我，刚开始设计《快乐的节日》一课教案时，对学生要求过高，未能认清学生当时的年龄特点，且内容设计过多。黎老师在看过我的试教和教案后，及时指出了我的不足，在认真研究过教材后，又手把手教我如何上好这节课。她的细心、耐心和认真深深感染了我。黎老师在仔细思考，认真揣摩过这篇课文执教的年段特点、课程标准、核心理念后，告诉我只要学生能用欢快的语调正确流利地朗读背诵课文，能随着优美的曲调歌唱；其次理解课文内容，激发学生热爱生活，感受自己生活的快乐和幸福，这就足够了。课堂教学讲究一课一得，切勿操之过急。最后黎老师手把手指导我写好教案的一字一句，做好课件的每一页PPT。每当想起这点，我都非常感激黎老师，是她让我这个教坛"新手"懂得了如何去上好每一节语文课！

这样的一位好校长、好教师，值得我支持和敬重。

（青年教师）

我眼中的语文教师是风趣的，是幽默的，但又神采飞扬。语文课堂是生动的，是传神的，但又充满激情。语文教师何尝不像圣徒？以文载道，春风化雨。

每节语文课都是精彩的。老师总爱看书，也培养我们爱看书，不单纯为看而看，而是从中学到知识。老师就是这样，从书中汲取似乎无尽的知识，每一篇文章的背后故事，老师无不知道。单纯给我们讲课文？太闷。老师总是把这些故事融入课文中，在感受文字之美的同时，也能感受到其背后所蕴含的故事。

每节语文课都是生动的。老师厚重沉稳，她的厚重体现在丰富的积累，字词句篇、语法修辞、名言名句、标点句读，她早已烂熟于心，一言一行、一字一句，无不体现出她深厚的积累和厚实的品性。她的厚重体现于倾听，她从不打断学生的话，认真倾听，耐心解惑。她的厚重还体现在课堂的效率上，她从不做无用功，不摆花架子。

我眼中的语文教师不像别的语文教师，她与其他语文教师总有些不同。

她似乎和时间有仇，讲解每一道题目都以学懂弄通为目标，我们倘若不明白，她绝不讲下一道题。曾有一次，老师结合课文内容抛出了一个问题，可讲了很多遍，我们就是转不过弯来，老师索性就此打住，引导同学们围绕这个问题展开了半节课的讨论，在几个回合的思辨激论中我们才搞懂。她又很珍惜时间，她叫我们早上背书，不要浪费早上的时间，又叫我们在讲课之初先读书，一秒钟也不浪费。

她不爱叫我们多抄写，虽说抄写有利于巩固知识，但过度的抄写也无好处。她很严厉，但她批评学生程度适当方式得体，从不夸大其词，却让学生能意识到自身的错误并加以改正。她从不区别对待学生，无论成绩好坏，她都一视同仁，她鼓励考得好的同学继续进步，但也从不批评考得不好的学生；相反，她会给予我们耐心的辅导，直到我们把错题都弄明白了为止。

她从不把语文局限在课堂里。她常常说，生活就是语文，生活是语文最大的课堂。她重视培养我们一双善于发现的眼睛，记得一次写树的作文，老师特地带我们去学校的小花园里观察树木，边观察，老师边讲一些技巧，为的就是让我们能写出更加贴切直观的作文来。

她从不把语文局限在课本里，她让我们读名著名篇，注重培养我们会读书、好读书、读好书的习惯，这个读既是朗读的读，也是阅读的读。我们既要学会品味好句，还要与作者做内心交流，体会作者的心境，体会文字之美，体会语文之美。她还让我们背诵名诗名词，通过古诗，我们既感受到古汉语的精练和优美，还可以了解古代人民的生活，增加自己的积累层次。现在，老师让我们背过的诗词还清晰记得，朗朗上口。

我眼中的语文教师，她有使命感，传道授业解惑，亦师亦友，以文载道，春风化雨。

（学生）

给黎老师的一封信

黎老师：

您好！漫长的小学生活转眼间就过去了，这也代表我们即将离开母校、告别母校了。虽然您与我们只相处了四年，但是在这四年里，您教会了我许多知识和做人的道理，您那严厉而又鼓励式的爱更令我毕生难忘。

不知从什么时候开始，我做了您每堂课的"听长"。总怕被您点名回答问题，自己的脑袋不愿意思考，只知道听别人说答案；听完了，又不明白到底是怎么一回事，您一直想帮助我改掉"老毛病"，成功率却很低很低。

后来，不知道吹的是哪一股风，课堂提问时您居然学会了"点学号"这一招。看来，老师这次是铁了心了。有一堂课，您问我们一篇课文的记叙方法是什么，我马上把头垂得低低的，免得与您那明亮的目光"接招"。可老天爷却不帮我的忙，轻轻的一句"16号"，在我听来却犹如一声炸雷，居然连点学号都被黎老师逮了个正着。一站起来，我嗫嚅着想说"总分"，可那短短的两个字在脑袋里兜了几个圈，却没有勇气从嘴里"蹦"出来。我不敢抬眼看您那充满期待的眼神。您接二连三地叫了好几位同学回答问题，结果全都没有出声。当然，我们被您狠狠地"批"了一顿。唉，我真是后悔当初为什么不说，明知道答案都不说，活该！

一次、两次、三次……经过多次锻炼，我突然发觉回答问题其实也没什么大不了，没什么好怕的。以前，我怎么就害怕了呢？现在回想起来，多亏黎老师，如果不是您，我这个"老毛病"又怎么能这么快便被人"医"好了呢？

俗话说："一日为师，终身为父。"老师将永远被我们尊重和爱戴，在此我发自内心地道一声："感谢老师。"

祝您

身体健康！

您的学生：小炫

2006年7月9日

第一辑 成长档案 风格解读

千江有水千江月

——学生眼中的语文课

画像一

叮铃铃，叮铃铃，上课了。我拿出语文书，准备上语文课了。

按照之前的经验，这一节语文课一定是无聊枯燥的。老师来了。我漫不经心地听着。"哦！翻开第17课《少年闰土》。哦！读一遍。"我依然是漫不经心地听着、跟着、读着，一点也不入耳，不用心。

突然，老师提出了一个问题：这个句子的深刻含义是什么？我突然眼前一亮，我最喜欢的就是探究一些含义深刻的句子了，因为这样我就可以和"林学霸""茹学霸"一决高下，提出自己的理解或观点。果然不出所料，老师一提出这个问题，这两个"学习霸主"就开始"战斗"了。他们一人一句，将这个问题的答案渐渐"推"出水面，可他们"推"了半节课也没把这块"石头"推出水面。我在下面既着急又气愤，这答案不是明摆着的吗，这么简单也要弄上半节课。我的手举得老高老高的，可是老师偏不叫我，弄得我着急了半节课，就在答案即将被"推"出水面的时候，老师终于叫了我回答。我一次性地把我的想法统统说了出来，将每一个细节都说得清清楚楚，把问题之石"推"出了水面，解决了这个"世界难题"。

在当天的日记中，我也写到了这节精彩的语文课，为了表达我当时的真情实感，我从日记中抄了一些：

"在今天的语文课上，老师叫我们回答一个在我看来是小儿科的题目，可同学们却像看待世界难题一样，弄了好长时间也没有把问题的中心或要点说出来。更加可气的是，我把手举得老高了，黎老师也不叫我，真是气死人也！"从这一节这么精彩的语文课上，我领悟到的自然也不会少。

首先就是对语文课的兴趣。以前的我一点也不喜欢语文课，认为语文课十分枯燥，老师提出的问题又没有十分准确的答案，与我喜欢的数学有着天壤之别。数学需要的是严谨、准确，而语文的答案却只有大体，没有标准。这样的区别使我在语文课上想回答又拿不准，所以回答问题的次数少之又少，回答的次数少了，兴趣也就低了，兴趣低了，成绩就随之下降，成绩一降，上课就更不敢回答问题了，最后形成了一种恶性循环。就因为这一节语文课，我才斩断了这一恶性循环，大大地提高了我对语文课的兴趣。

其次就是对有这么好的一位语文教师感到自豪。我曾经看过一本书，说的就是现在大部分语文教师和家长不太愿意让孩子们看课外书，认为这样会影响孩子的学习。我认为这种做法表面上是可以提高成绩的，可是长远来看，这与将孩子的前途推向毁灭没什么区别。高中时期，也是人生的一个关键期，这个时期的学习成绩会很好地将看课外书和不看课外书的人区分开来，因为高中的卷子大部分题目与课本无关，所以即使你把课本学得再好，不看课外书，也不能取得好成绩。而我们的语文教师却鼓励我们看课外书。她每个学期都会布置班级共读，向我们推荐一些好书，让我们的知识更渊博，更丰富。在之前，我提到过的那本书中，还写到另一种不好的语文课堂，说的就是现在的中小学语文教师大多数不愿意与学生讨论问题，都是搞"一刀切"，教师提出一个问题后，象征性地点一两个同学发言，然后便把问题的答案告诉同学们，并让他们抄下来，可往往这样做的结果是学生们什么都记不住。而我们的语文教师从来不这样，一旦遇到有争议的题目，无论后面还有多少没讲，她都会让我们有秩序地进行辩论。有人可能反对了："用前面一种方法不是用时更短吗？这样的话就有更多的时间来学习其他知识了。"我觉得这种说法简直是大错特错，这样同学们就只知道答案，完全不知道方法，下次再遇到这种题目时又怎么会做呢？这样不是更浪费时间吗？上面说的两种不好的教学现象，我们的语文教师一样都没有，我又怎么能不说这是一位好教师呢？

这一节"普通"的语文课，我不仅学到了知识，更学到了如何学语文，感受到了教师的良苦用心。

画像二

没错，这篇作文的题目就是如此简单，可你能想到吗，它却有着不同的意义。我们的语文课从来都是特别的，不像别的班的那么枯燥无味。

我们六（2）班的语文课是由精彩的故事和知识点组成的。记得有一次，黎老师让黄同学来读他的作文——《"爱读书"的差生》，他写得生动形象，有声有色，把主人公描写得十分精当，就像出现在我们眼前，一下子就知道主人公的性格特点。班上的同学听得津津有味，以热烈的掌声表示了他们的满足。当然，我也不例外。

最能激起大家兴奋心情的，也莫过于讲《少年闰土》这节课了。每一个同学都那么认真，几乎每一个同学都有着"打破砂锅问到底"的精神，像在辩论，也像在聚会。大家都盯着"只看见院子里高墙上的四角的天空"这一句来挖掘知识。许多同学提出了问题，问不到底他们决不肯罢休。这时，林同学发话了："'院子里高墙上的四角的天空'指'我'和'往常的朋友'生活的天地非常狭窄。这句话的意思是'我'和'往常的朋友'是个'少年'，整天生活在高墙深院里，不能广泛地接触大自然，像井底之蛙，眼界狭窄。这与生活在海边的闰土，形成了鲜明的对比，表达了'我'对农村丰富多彩的生活的向往。"话后，许多同学都露出了恍然大悟的神情，也对林同学露出了赞扬的表情。可一向不爱说话的杜同学这时也发表了他的意见。他说什么，我已经记得不大清楚了，只记得他说得有条有理，让人信服。可林同学却又不赞同了，发表了自己的见解。他们两人你一言我一语，辩论得十分激烈，我们的心也随着他们的辩论时上时下。我们的黎老师也不怕浪费课堂时间，细细地听着，时而点点头，时而微笑，这使我们大家又多了几分信心，更加激烈地辩论。最终，在老师一点点的提示下，我们终于把这句话彻底看懂了，也挖掘完了，大家都满意地发出了"啧啧"的声音。说完，下课铃清脆地响了起来………

我们六（2）班的语文课是特别的，是有趣的。我们常常能在语文课中发出欢快的笑声，而笑声中又饱含着那么大的学习激情！

画像三

　　叮铃铃，叮铃铃。上语文课了！上语文课了！我像一只兔子一样跑去教室。黎老师是我们的语文教师，她留着一头黑里带白的短发，一双小小的眼睛能把所有同学都看透。她常说："别看我眼睛小，一个教室里的同学们在干什么我都看得清清楚楚！"

　　她一进教室，教室里立刻安静下来，连一根针掉到地上都听得见。她假咳嗽了一声，然后，又用响亮的声音说："请同学们把语文课本翻到第17课，今天我们来学习《少年闰土》这一课，请同学们站起来读一遍，再找一下自己喜欢的句子，并写上批注说明为什么。只给五分钟。"同学们和我立刻翻开《少年闰土》这一课，并站起来读。我一读完就找喜欢的句子，一找完就写起了批注，教室里一片沙沙沙的声音，犹如钢笔在跳舞。我刚写完，黎老师就说了声："停！"突然，老师提了个问题，"这个句子的深刻含义是什么？""林学霸"和"茹学霸"一起举手。黎老师先叫了"林学霸"，"林学霸"说了自己的理由。黎老师又叫了"茹学霸"，"茹学霸"又说了自己的理由，两个理由都不同，于是他们就进行了一场辩论赛。"林学霸"和"茹学霸"不分上下，各有各的理由。黎老师和"茹学霸"一致认为这道题选A，但"林学霸"可不这样认为，他用他的声音和努力暂时战胜了"茹学霸"和黎老师，但事实终究是事实，黎老师和"茹学霸"一起进攻，结果还是事实强大战胜了"林学霸"，"林学霸"还是不肯认输，黎老师只好让他下课再辩论。叮铃铃，叮铃铃，下课铃响了！黎老师又和"林学霸"进行了一场PK，结果还是黎老师胜利了，因为黎老师说得头头是道，说得"林学霸"毫无还手之力。

　　我为我有这样一个好老师感到高兴。第一，她总喜欢我们看课外书，有时还介绍一些好书给我们看，在我们的作业上，还常常出现阅读30分钟，而且在看阅读作业那天，作业量会变得特别少。看多点课外书也会让我们的词语更加生动、准确。其他的语文教师都认为让学生做多点练习就会提升成绩，但我们的语文教师可不这样认为。她觉得看多点课外书才可以提升成绩。第二，她教育有方法。别的教师都用强迫来让学生学习，可黎老师用的

方法是，作业写的字好看或者作文写得好的同学就会得到黎老师送的一本书。这些说明黎老师是一个善解人意的好教师。

这节语文课，我学到了黎老师的教育方法和她的执着。难道你不觉得黎老师是一个好教师吗？反正我觉得！

画像四

我们六（2）班的语文课非常有趣。

让我印象最深刻的是，有一次班里梁同学进行一分钟演讲，讲的是国庆节他去乡下看金色的麦田的故事，他当时自己做了个简单的PPT配合演讲，同学们看到金灿灿的麦田像金子一样闪亮闪亮的，不禁啧啧赞叹。

讲完以后，老师跟我们说，刚才梁同学用了一个句子来形容自己观看麦田的心情，你们谁能结合自己的感受将"游走"这个词的意思说一说？

许多同学说出了其中的意思，班里都是欢声笑语。

我也不甘示弱，高高举起手来。黎老师把最后一个发言的机会给了我。我说："游走的意思就是指人在金色的海洋里漫游，麦田美丽的景色使人流连忘返，让人沉迷于其中无法自拔。"说完之后，感觉自己很骄傲的样子。

黎老师给了我一个大大的赞，夸我的理解最到位！同时，还告诉同学们，要把大家刚才的精彩表现在家长会上展示给家长们看。顿时，我感觉非常自豪与骄傲，感觉自己非常厉害，现在回想起来，当时的我甚至都有点得意忘形了！

画像五

"铃！铃！"上课铃响了，同学们急忙跑进教室，坐到自己的座位上，准备上课，但班里还是有一些同学在说笑打闹。不一会儿，黎老师来了，教室里立刻变得鸦雀无声，连地上掉一根针也听得很清楚。

开始上课了，同学们都很激动，因为这一节课与每次的语文课讲课内容不同，是上一堂《窗边的小豆豆》的读书会。同学们不仅可以收到老师喜爱的礼物，还能讲出自己阅读《窗边的小豆豆》这本书的感受，以及最喜欢书中哪个人物的理由。

开始讲自己对人物的感受了。我们班的同学每一个都讲出了自己喜欢的人物及感受。一个，两个，三个……很快轮到我讲了。当我上台的时候，我十分激动，心就像兔子似的怦怦直跳。我说："我最喜欢《窗边的小豆豆》中的小豆豆，我觉得她是一个顽皮、好奇、有爱心的女孩子。当她看见有一张报纸在地上就跳了上去，结果却掉进了厕所里。原来，工作人员有急事去拿东西，临时盖了一张报纸在上面防止臭气出来。从这里我看出了小豆豆的顽皮好奇。但她又是那样有爱心：她买了一片健康树皮。因为她听了卖树人的话：'你尝尝树皮，如果苦的话就说明你可能得了病，如果没味道就说明你可能很健康。'所以，小豆豆把树皮买下，而且让校长和同学都咬了一口，他们检测出没有病！小豆豆知道结果很高兴，还给狗检查，让它咬一口树皮，结果差点儿被狗咬了。这就是我喜欢《窗边的小豆豆》中小豆豆的原因。"当我说完这句话，同学们给了我雷鸣般的掌声，老师给了我最好的意见。黎老师微笑着对我说："如果演讲时能讲得大声点，那就更好了！"同学们和老师对我演讲的支持让我感激，也增强了我的自信心。

当演讲结束时，黎老师奖励了我一颗糖，我觉得这颗糖特别甜，我一边吃一边又想起老师的教诲和同学们的鼓励，我的心充满了爱的甜味。

我还在思考着，突然，"铃！铃！"的下课铃声响了。生动有趣的读书会和老师的点评，让我感到读书是多么重要。我永远忘不了这一节难忘的语文课！

生命，是一棵长满可能的树

——我眼中的语文课

在平凡而又漫长的教学生涯中，孩子们的一言一行总是犹如一尾尾鲜活的小鱼，在课堂中激起一朵朵轻灵的水花，带给为师的我无限惊喜。现撷取其中的几朵与大家分享。

花絮一：老课不"老"

《乌鸦喝水》是篇老课文，我就是闭着眼睛也能教。本没想过会有什么惊喜，哪知在今天的课堂上，面对一批新的"小听众"，老课竟能上得如此有乐趣，着实让我刮目相看。课文中有一段描写乌鸦辛辛苦苦找到水，却因瓶口太窄而喝不到水。为帮助一年级的孩子更好地理解课文，我让孩子们设身处地地把自己当成那只小乌鸦，思考一下它此刻会想些什么。问题一抛出，孩子们马上就高高地举起了一只只小手——

"天啊，我太伤心了！"

"我真不高兴！"

"我太不幸，太难过了！"

"哦，我真是个倒霉蛋，辛辛苦苦找到了水，却喝不着！"

在学生们七嘴八舌的回答声中，我深刻感受到：课堂上所提的每一个问题都必须把握一个良好的切入口，才能真正做到"一石激起千层浪"，让孩子的思维碰撞出智慧的火花。

又如，在课文学习结束之际，我请孩子们向乌鸦朋友说几句心里话——

"你真聪明，能教教我吗？"

"你真爱动脑筋想办法，我要向你学习！"

"你真有科学头脑，像个小小科学家。"

"你想的办法既简单又实用，太棒了！"

"乌鸦，乌鸦，我要拜你为师！"

"你的办法真好，我要向你学习，把你的办法教教我，好吗？"

在聆听学生回答的过程中，我想，这一句句发自内心的童言稚语，不正是孩子生命拔节、智慧成长的声音吗？

花絮二：换个角度思考，"评价"也可以这样说……

今天第二节上口语交际课。针对低年级学生不善倾听，在同学发言的时候不是插嘴就是东张西望开小差的现象，我想重点引导孩子学做小老师，既学会倾听，又学会评价。

为更好地教给方法，我先扮"小老师"做了一次示范，孩子们叽叽喳喳地评得有模有样。轮到我互换角色扮"同学"读的时候，我范读了一篇课文，学生们不约而同地抢着说"我来！""我来！"一个个小脸通红，眼睛亮亮的想做"小老师"，评价我这个"大"学生。

"你的声音真响亮！"

"你说话时的态度很大方！"

……

孩子们模仿能力很强，一个个说得头头是道，中规中矩，可见我教他们的一些基本方法都掌握了。

这时，一个平时不太爱发言的学生说："老师，我给你打145分，你的声音响亮又好听，读得又很有感情，我听了，好像看到了美丽的春天，感觉好美妙。"咦，听到另一种角度的思考和表达，孩子们的眼睛亮了，另一个虎头虎脑的孩子马上抛弃了常规表达，接着说："老师，我不给你打分，因为你读得太好了，我要向你学习。"

……

"如果我们固执地透过唯——片滤色镜去观察智慧的彩虹，那么，许多头

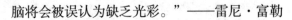

脑将会被误认为缺乏光彩。"——雷尼·富勒

其实，只要心中充满爱，把课堂变成一面七彩的多棱镜，把学习的权利充分给予每一个孩子，让每一个头脑都不再缺乏光彩，那又有什么是不可能的呢？

语文与诗，我的精神家园

行走在语文教育的路上

我，
行走在语文教育的路上，
且思且歌

曾记得——
儿时明亮的小院，
一双暖暖的手，
轻轻把我搂在怀中，
教我念"a，o，e……"

运动场鲜红的跑道上，
一双厚实的手，
有力地扶起我，
告诉我跌倒了只要爬起来，
人生同样精彩！

教室三尺见方的讲台前，
一双起茧的手，
挥动细长的粉笔，
吱吱呀呀地写下，

秦汉的风流，唐宋的文采，

为我开启文学的殿堂。

而今，

在教书育人的路上，

洋紫荆轻轻摇曳，

绽放在语文诗意的天空。

我，

当年稚嫩的黄毛小丫头，

长成了一棵坚实美丽的香花树，

耕种文明，播撒知识，

诉说新时代教师的风采！

（注：该诗为我参加"诗润南国"第六届广州市小学师生儿童诗歌创作大赛决赛现场创作的作品，获广州市一等奖。）

梦·圆

小时候，

我是那么渴望拥有你。

虽然，你——

薄薄的，看起来毫不起眼，

没有五彩的颜色，

没有缤纷的插图。

轻轻的，

捧在手中一点儿也不重，

即使放在我那绿色的小书包里，

也总能跟着小女孩欢快的脚步，

在悠长的山路上一颠一颠，轻轻跃动。

但是，那——
一串串小蝌蚪组成的黑白天地，
一个个方块字构成的奇异世界，
却深深地吸引着我，
让我如此眷恋。

为了你，
我曾经饭也忘了吃，
只顾读那书中的刘胡兰、王二小……

为了你，
我曾经觉也不睡，
偷偷将书中的小实验一一尝试。

为了你，
我悄悄干了件"坏事"，
把院子里的小树，轻轻摘下几片嫩绿的树叶，
只为做一枚漂亮的叶脉书签。

为了你，
我独自坐在冰凉的石凳上，
呆望湛蓝夜空中一眨一眨的星星，
祈愿天各一方的牛郎织女早日相会……

为了你，
我做了不少的"傻事"，
因为你是让我如此眷恋，如此痴迷。

因为有你，

即使是书中小小的一角啊，

也——

为我打开了一片神秘的天地，

为我揭开了人类亘古的文明，

为我开启了通向未来的辉煌之窗。

因为有你，

一个山里的小女孩，

长成了一棵美丽的香花树。

第二辑

教学智慧 点滴成文

吃透教材　认准目标

——统编教材语文一年级教学重点解读与建议

随着《义务教育语文课程标准》（2011年版）以下简称《课程标准》的实施和小学语文统编教材的全面铺开，学界和教育同行围绕其展开的讨论一直不断。统编版教材也不断汲取各方意见精益求精，尤其是低年段的统编教材，由于试行在前，实施3年来每逢新学年再版，都有一些微调，足见教材编写者之用心。同时，教师在实际教学中也有一些疑问和困惑，认为教材比较难教，教学中对教材内容的取舍，讲授知识的深度、广度不好把握：讲浅了，学生思维得不到锻炼，收不到教学效果；讲深了，学生云里雾里不知所云，有超纲之嫌。针对这一问题，我认真研读《课程标准》和相关文章，仔细梳理教材内容和栏目，发现只要钻透《课程标准》和教材，对教学内容的把握和实施并没有想象中困难。

统编版语文一年级教材有自身的编排内容和特点。从教材的编排体系看，一年级下册教材是对一年级上册教材的继承、延续和发展。教学中教师如何利用有限的课堂教学时间，真正吃透教材，回归语文教育本体，是教师们面临的一大挑战。俗话说，三军未动，粮草先行。就此分两部分来谈谈个人的思考和理解，供一线教师斟酌讨论。

第一部分：重点篇——立足教材纲举目张

一、擦亮底色：立德树人，以文化人

教育的首要问题，是培养出来的人具有正确的价值观、人生观、世界

观，而任何语言文字作为重要载体，都是在传递思想文化。统编教科书，通过弘扬三个文化（中华优秀传统文化、红色革命文化、社会主义先进文化），春风化雨，孕育涵养学生正确的人生观、价值观。

中华传统文化是根基，是血脉，是华夏文明绵延五千年的基因，大家所熟知的"仁、义、礼、智、信"等是社会主义核心价值观之源、之本。针对一年级学生的身心特点和学习方式，教材将古代蒙学读物《三字经》《百家姓》《声律启蒙》《笠翁对韵》等加以改编，让学生在抑扬顿挫的节奏韵律中吟诵积累，且语言典雅规范，极富文化与民族意蕴。

选编课文《端午粽》让学生了解传统文化及习俗，利用"口语交际""和大人一起读"等栏目安排民间故事《老鼠嫁女》、壮族民歌《谁会飞》、绕口令《妞妞赶牛》、传统童谣《孙悟空打妖怪》《春节童谣》等，让学生在喜闻乐见中感受传统故事所蕴含的理趣的同时，又形象感知传统语言表达形式的音韵美、结构美。

选编《吃水不忘挖井人》，体现了红色革命传统代代相传的奋斗精神；《升国旗》《我多想去看看》从儿童视角传递美好的情感和愿望，点燃孩子对祖国、对五星红旗的热爱和向往。

另外，一年级上册共有6首古诗，有的出现在课文中，有《江南》（汉乐府诗）、《画》，有的出现在语文园地"日积月累"栏目中，如《咏鹅》《悯农》《古朗月行》《风》，结合教材的编写意图，学生只要在熟读的基础上达到记住的目的即可。一年级下册教科书共收录了7首脍炙人口的古诗，其中课文3首，分别是《静夜思》《池上》《小池》；"日积月累"栏目4首，分别是《春晓》《赠汪伦》《寻隐者不遇》《画鸡》。同时，还在"日积月累"栏目有机安排了成语、谚语、歇后语、先贤名言等与民族文化息息相关的内容，古诗词文化的容量与过往教科书相比在量的方面有较大提升。

总之，统编版教科书用语文的方式落实立德树人根本任务，用语言的力量、文字的力量感染人，打动人，培养人。

二、紧扣语言：搭建梯度，螺旋上升

统编版教材围绕人文主题和语文要素双线组元，每个单元语文学习目标制定得清晰合理，难度适宜，上册与下册之间、单元与单元之间、课文与课

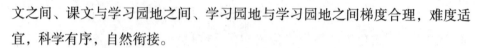

文之间、课文与学习园地之间、学习园地与学习园地之间梯度合理，难度适宜，科学有序，自然衔接。

语文要素的编排在同一学段、同一年级，甚至同一学期的前、中、后阶段，都依照深浅难易程度，循序渐进，充分体现了语文教学由浅入深、环环相扣、螺旋上升的规律。

如围绕"阅读能力训练"，一年级上册要求"找出课文中明显的信息""学习借助图画阅读"，一年级下册在继续学习这一要素的基础上，上升要求为"根据信息做简单的推断"，这既是阅读能力的发展训练，也是逻辑思维能力的延展提升，使语言训练和思维训练同步发展，螺旋递进。

又如一年级下册第八单元的学习重点是"借助图画阅读课文"。一方面，教科书安排了2篇连环画形式的课文《咕咚》和《小壁虎借尾巴》，不全文注音，而只给少量难字注音，引导学生重视图画这一重要的课程资源，学习借助图画认读生字、读通课文，学会在阅读时尝试运用多种策略阅读，发展阅读能力，从小就成为主动积极的阅读者；另一方面，围绕语文要素"借助图画阅读课文"的训练而展开。该单元是继一年级上册《小蜗牛》这篇课文阅读之后，又一次出现没有全文注音的连环画课文的阅读。教学时要在一年级上册借助图画猜字、认字、读懂课文的基础上，继续发展学生独立识字和阅读的能力。《咕咚》一课的教学要巩固、运用《小蜗牛》的学习方法，开展识字、阅读，并借助形声字的特点，联系上下文猜字、认字；《小壁虎借尾巴》要在此基础上借助偏旁表义的特点了解字义，并通过交流"是怎么猜出来的"提炼猜读的几种方法，从而继续训练根据信息做简单推断这项阅读能力。同时，两篇课文都可以根据图文一一对应的特点理解内容，教师还可以安排有能力的学生借助图画复述课文或进行角色表演。这样，训练层层递进，要求逐步提高，让学生在多重言语实践中掌握"借助图画阅读课文"的方法。

无论线上教学还是线下教学，教科书中各语文要素的渗透发展都具有极强的关联性，教师们在教学中要充分关注，一一理顺并落实到位，才能使《课程标准》的实施"不缺位""不越位"。

三、尊重差异：注重关联，类比开放

教科书尊重客观存在的地区差异、学校差异、生生个体差异，为适应不同学生的学习需求，加大了选做题和开放性题目的比重，从学生已有的基础和发展需要出发，为不同起点的学生提供丰富的学习资源，以增加教学的弹性空间和可操作性，为学生学习留有选择和拓展的空间，以满足不同地区、不同学校、不同学生的需求。

1. 与生活相联，模仿迁移，类比运用

生活是最好的教科书，大量问题指向学生的生活经验及知识储备，使语文学习与孩子的生活产生更为紧密有趣的粘连，不再面目可憎、枯燥乏味。比如，一年级下册课后习题《姓氏歌》里"说一说班里的同学都有哪些姓"，《操场上》中"你喜欢什么体育活动？和同学说一说"等；又如"语文园地"六中借助"展示台"（P78）让学生展示"我在食品包装上认识了很多字"；也有借助课文语言加强仿写仿说训练，如《荷叶圆圆》课后习题里的句式仿写"荷叶圆圆的，绿绿的。苹果_____，_____"等。

2. 与学科相联，拓展融合，开放关联

教材的开放性，还体现在语文与其他学科的融合渗透。比如，一年级下册"语文园地"二中"展示台"（P27）环节让学生展示自己"在其他课本上也认识了许多字"。课文《要下雨了》《棉花姑娘》《咕咚》《小壁虎借尾巴》等，通过有趣的童话故事，向学生传递大自然的科学知识和生活常识，既有教育性，又富有童趣，充分体现了学科间相互融合、渗透的大语文观，使学生认识到生活中时时、事事、处处皆语文。

第二部分：建议篇——板块联动回归本体

一、识字教学

识字写字是义务教育第一学段的重点，其安排遵循课程标准"认写分开，多认少写"的原则。以下册为例来看，教材一共安排了2个识字单元、6个课文单元、7个"语文园地"的"识字加油站"（"语文园地"三为查字

典），每部分的学习内容各有侧重。集中编排的2个识字单元，渗透了汉字文化，体现了汉字规律，着力于激发学生的识字兴趣，指导识字方法，培养识字能力。

1. 充分摸底，把握学情

全册课本一共要求会认400个常用字（在课后以双横线标示），会写200个生字（在课后以田字格标示）。2020年，学生线上学习时间较长，通过线上教学，学生应掌握会认生字210个，会写生字131个，返校后要教会认的字189个，会写的字69个。考虑到学生个体的学习差异，建议教师们在复学之初，要多形式充分检测学生已掌握的部分和还需夯实的部分，为下一步识字写字教学打下坚实的基础。

2. 灵活识字，形式多样

课文中运用的策略主要有集中识字和随文识字两种。

集中识字可以运用字理、归类、游戏、蒙学、看图、儿歌等识字方法，列表如下：

方法	内容
字理识字	字族、字根、象形、会意、形声……
归类识字	天气词、数量词、身体部位、夏天词、生活场所词……
游戏识字	猜字谜……
蒙学识字	古对今、人之初……
看图识字	春夏秋冬、动物儿歌……
儿歌识字	小青蛙、姓氏歌、操场上……

识字内容尽管千差万别，但大都采用学生喜闻乐见的形式编排而成，朗朗上口，文质兼美，使学生在不知不觉中受到情感与文化的双重熏陶。

随文识字主要体现在阅读教学中。教材编排了6个单元共21篇课文，主要体现了阅读中的识字，识字中的阅读。

阅读教学的重要任务是识字，但不是唯一任务，不能为识字而识字。除了课本、课堂，教师还应积极开拓多种识字渠道，如结合"展示台""加油站"等，鼓励学生在生活中主动识字，因为这展现的是学生的学习态度和学习理念，它应贯穿于整个小学乃至义务教育阶段。

二、写字教学

写字是第一学段语文教学的重要任务，也是教学的重点难点，要加强写字指导，打好写字基础。教材的写字编排体现了汉字书写规律，由易到难，由简单到复杂，降低初入学学生的学习难度。教材重视打好识字写字基础，结合识字，学习常用偏旁，结合写字，学习基本笔画和笔顺。建议如下：

1. 保障指导时间

课程标准提出每节语文课要有10分钟安排写字，教师不能忽略堂上指导的重要性和时效性。每篇课文要写6—7个汉字，以7个为多。怎样安排更合理?

（1）随机指导。在随文识字中及时书写，当堂巩固，如第15篇阅读课文《文具的家》，"文"字可在教课题后当场书写。

（2）集中指导。对于一些有规律、特点鲜明的字可以集中指导，如第14课《要下雨了》中的4个汉字"吗、呀、呢、吧"都是左右结构、口字部，可以根据偏旁特点集中进行书写指导。

2. 落实指导重点

下册的写字训练要在上册的基础上逐步提高要求，主要体现在：注重结构指导（整体布局、框架结构、空间距离、笔画位置等）、注重细节指导（关注汉字细微部分的书写变化）、注重习惯指导（技能态度、坐姿执笔等）。

写字教学贵在精而不在多，教师在课堂上要严格要求，加强指导，切实保证学生的书写质量，使每个学生不但能把字写正确，而且尽量把字写美观，传承发扬好汉字这一国粹。

三、阅读教学

1. 阅读教材的双线编排

教材的编写围绕人文主题和语文要素，双线组织阅读单元。除去2个识字单元，其他6个阅读单元的人文主题和语文要素提炼如下：

单元	人文主题	语文要素
第二单元	愿望	找出课文中明显的信息。
第三单元	伙伴	联系上下文了解词语的意思。

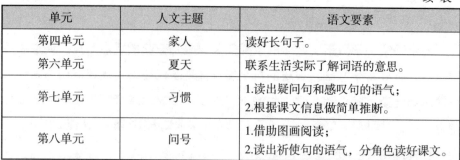

单元	人文主题	语文要素
第四单元	家人	读好长句子。
第六单元	夏天	联系生活实际了解词语的意思。
第七单元	习惯	1.读出疑问句和感叹句的语气; 2.根据课文信息做简单推断。
第八单元	问号	1.借助图画阅读; 2.读出祈使句的语气,分角色读好课文。

每单元的课文大致都体现相关的主题,形成一条贯穿全套教材的显性线索。另一条隐性线索即"语文要素"的贯穿落实,如知识、能力、适当的学习策略和学习习惯等,分成若干个知识或能力训练点,穿插在各单元的练习系统中,由浅入深,由易到难,循序渐进,螺旋上升。

例如,第七单元的一个语文要素是"根据课文信息做简单推断",在《一分钟》的课后练习中,让学生用"要是……就……"的句式来说话,既是基于课文内容的理解,又需要学生在把握内容的基础上,归纳梳理,进行简单的逻辑推断;又如《小猴子下山》一文的课后练习,让学生"结合插图,说说小猴子看到了什么,做了什么,最后为什么只好空着手回家去",这个问题的答案分前后两部分,语言组织的概括性相当强,对一年级的学生来说难度不小。同时前后问题之间又有关联,前半部分是要求学生在理解课文内容的基础上,对信息进行整合概括;后半部分是根据提取的信息进行推理判断,最后得出结论。

2. 重视阅读和表达的关系

阅读是输入,表达是输出。语文学习的主要目标是培养学生听说读写的能力,而阅读与表达是最基本也是最重要的因素。

比如,课后练习中,有的是引导学生基于文本语境,联系生活实际进行表达,如小诗《一个接一个》中"想想你有没有和'我'相似的经历,和同学说一说";课文《一分钟》引导学生思考"一分钟能做什么";有的让学生尝试进行书面表达,如《我多想去看看》引导学生以"我多想……"开头,写下自己的愿望,再与同学交流。

四、口语交际

如果阅读板块关注的是阅读与书面表达，那么口语交际板块关注的就是倾听与口头表达。一年级下册安排了4次口语交际，每次口语交际活动中都以小卡片的形式列出一至两项训练重点，提出交际的目标要求，使师生把握学习重难点清晰明了，又兼具实用性与趣味性。

话题	语文要素
听故事，讲故事	（倾听）听故事的时候，可以借助图画记住故事内容。 （表达）讲故事的时候，声音要大一些，让别人听清楚。
请你帮个忙	（应对）礼貌用语：请、请问、您、您好、谢谢、不客气。
打电话	（表达）给别人打电话时，要先说自己是谁。 （应对）没听清时，可以请对方重复。
一起做游戏	（表达）一边说，一边示范，这样别人更容易明白。

另外，值得注意的是，教材凡前面单元已提及的要素，都默认兼容后续单元的学习过程。比如，一年级上册提过"当众讲话要大声""要注意听别人说话""跟人沟通时要看着对方的眼睛"……在之后的学习过程中同样需要一以贯之。而且，其中的口语交际原则可以迁移运用到孩子的日常生活中，如平时的课堂教学、各种活动及同学朋友间的交谈等，以加强孩子的言语实践和生活实践，打通课堂书本和日常生活的内外关联，使之有利于提高学生的沟通能力、表达能力及人际交往能力，进而为社会培养文明有礼的合格小公民。

综上所述，无论是教学重点还是教学建议，它们之间的关系都是相互渗透，多元融合的，不应割裂开来机械理解，大家可以结合校情、班情、学情，有机整合，科学规划，使语文素养全面落实、育人目标落地生根。对一线教师而言，首要的工作就是吃透教材，借助教师教学用书等材料，深入了解教材的编排意图，从学情出发，认清教学目标，明确"教什么"和"怎么教"，这样才能用好统编教材。

小语教学既需仰望星空的视野和勇气，又需脚踏大地的实干与勤勉。让我们为了共同的目标不负韶华，共同寻找语文教育的春天！

透视语文本质　把握课程标准

——"听说起步，阅读识字"教学模式实施探索

一、时代背景

为了彻底改变当前中小学语文教学费时、低效的情况，在新课标的引领下，一场大的语文教学变革正进行得如火如荼，其宗旨不仅是要提高语文教学的质量和效率，更重要的是致力于学生语文素养的形成与发展，提高学习语文的兴趣，激发其主动求知、探索的欲望，为学生的全面发展和终身发展打下坚实的基础。可是，良好的语文学习素养不可能一蹴而就。"千里之行，始于足下"——如何提高孩子的学习兴趣，让他们乐学、爱学，这在小学低年段显得尤为重要。试想，作为一个孩子，尤其是刚进校门的孩子，他们在幼儿园时以游戏为主，在玩耍嬉戏中学习，没有负担，没有压力，突然间，上小学了，学习活动转变为以纯学习的方式进行，拼音、识字等学习任务接踵而来，孩子心理、生理上都缺乏足够的准备。如果他们觉得学习是件痛苦、困难的事情，那么就会怕学、厌学，那后果可真不堪设想，还谈何发展？如何依据低年级学生的特点来设计入学儿童的语文学习活动，让他们感到学习是件快乐的事情，这是当前教育改革亟待解决的问题。

二、实施的可行性探讨

21世纪初，上海师范大学教育科学研究所推出了现被中国教育学会列为"十五"科研规划的重点课题——"以培养运用能力为重点的小学语文教学科学化探索"，课题立项之后，即在上海市6个区10多所小学开展研究，进行语文教学改革。实验进行1年之后，参与实验的学生听说读写能力明显优于同期学生，各实验学校都对课题的科学性、先进性提出了肯定的意见。为此，我校在经过缜密的考察分析之后，认为其子课题之一——"听说起步，阅读识字"教学模式既适合低年段学生的身心发展特点，又能够科学有效地提高语文教学效率，使方言地区的学生更快更好地学会普通话，提高语文素养。其原因有三：

首先，具备先进的教学理念。课题立足于新课标，把握了语文教育的特点，着重于培养学生的语文实践能力，不刻意追求语文知识的系统和完整，让学生更多地直接接触语文材料，在大量的语文实践中掌握运用语文的规律，从而全面提高学生的语文素养。

其次，具有很强的可操作性。课题给出了一个基本的模式和框架，易学易上手。实验教师只要经受课题组一段时间的培训，了解了模式的类型和操作步骤，就能在实践中展开教学，并根据实际情况做出相应的调整，对模式进行丰富和再创造。

最后，实施难度小，普及面广。课题对实验学校的教学软硬件要求不高，仅需要配套的补充教材和听、讲故事所需的录音机，这是许多学校、家庭能够提供的。教学设施的门槛降低了，课题推广的面就广了，受"惠"的学生自然就增多了。

基于上述理由，再结合自身实际情况：有教学理念先进的管理层，充满活力的教研师资队伍，完善的教学设施，学生家长的响应支持（事先征询过家长的意见），我校决定采用人教版教材和实验补充教材相结合的方式，在一年级3个班大胆实施"听说起步，阅读识字"教学模式研究。在实践中一边探索，一边总结。

三、模式的主要特点

（一）借语言，妙识字

对中国人来说，掌握汉字是学习语文的起点，也是学习其他课程和日后发展的基础。语文课程标准明确指出"识字写字是阅读和写作的基础，是1—2年级的教学重点"。因为不识字就不能阅读，不能写作，所以识字是语文学习起步的必要条件。

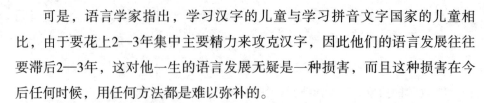

可是，语言学家指出，学习汉字的儿童与学习拼音文字国家的儿童相比，由于要花上2—3年集中主要精力来攻克汉字，因此他们的语言发展往往要滞后2—3年，这对他一生的语言发展无疑是一种损害，而且这种损害在今后任何时候，用任何方法都是难以弥补的。

如何妥善解决认识汉字和学习语言之间的矛盾？本实验课题——"听说起步，阅读识字"为之搭起了一架沟通的桥梁，即充分利用入学儿童具备相当的口头语言能力，通过听故事、说故事等语言实践活动，一方面继续发展其口头语言，另一方面在学生听懂听熟的基础上，让他们通过阅读故事的形式，和文字材料反复见面，从而在亲身经历的语言实践活动中逐步熟悉汉字的音、形、义，最终达到在发展语言的同时认识汉字的目的。语文是母语教育课程，学习资源和实践机会无处不在，无时不有；同时，它又是一门实践性很强的课程，在听说读写的过程中，能让学生更多地直接接触语文材料，在语文实践中掌握运用语文的规律。

（二）凭"无意"，趣记认

汉字数量多，既难认又难写。传统识字教学主要依赖学生的"有意记忆"，第一次遇到生字，即要求学生记住每个字的音、形、义，达到"四会"（会读、会写、会说、会用）。它的要害是第一次遇到就"不允许遗忘"。一年级学生的识字特点是学得快忘得也快，而教师恰恰是在学生最容易遗忘的时候不准他们遗忘，因此就不得不花费大量的时间和遗忘作斗争。

要减轻学生识字负担，应该尽可能根据人的记忆规律来设计识字教学的方法。人们在生活中认识的许多汉字并不是一次完成的。每一个正常的儿童都能很轻松地认识并写出自己的名字，并不用教师吃力地分析讲解，反复复习巩固。因为学生在很多场合都能看见自己的名字，尽管没有很费劲地去记忆，但是通过十数次甚至数十次见面，所以他能很轻松地熟识。这就是利用无意注意（或称无意记忆）来认识汉字。大量事实证明，利用无意记忆识字，是一种很有潜力也很有效的识字方法。它并不会加重儿童的学习负担，所以不仅有效，还十分轻松。

我们的识字教学改变了一步到位要求"四会"的做法，根据儿童的遗忘规律，将"不许遗忘"改为在开始阶段"允许遗忘"，将"四会"要求化解到一段时间（一般是3—5周）内逐步达到，即在一定时间内，在多篇课文的阅读学习活动中，通过反复多次的见面逐步认识汉字。允许学生对所学的汉字有一个"从陌生到不陌生，从不认识到会认会读，最后达到会写会用"的过程，"四会"要求分步到位，从而降低识字的难度，让学生轻轻松松识字。

（三）重开放，尊个体

学生是学习和发展的主体，传统教学的最大缺陷就是教学目标和教学内容的大一统，很难顾及学生个体之间的巨大差异。我们根据学生身心发展规律和语文学习的特点，关注个体差异，采用人教版教材和实验补充教材相结合的方式，尽量满足学生不同的学习需求，因材施教，坚决杜绝"一刀切"现象，从而积极拓宽学生的学习空间，倡导自主、合作、探究的学习方式。例如，对一年级第一学期的学生在识字量方面就提出了三点要求：

（1）巩固基础。会写的汉字（"四会"字）不少于180个。一方面保证了基本的识字量，另一方面也减少了教师、家长的顾虑。

（2）下有保底。认识汉字不少于450个（包括180个"四会"字），这是要求每个学生都要达到的保底数量。

（3）上不封顶。由于我们选用人教版教材和实验补充教材相结合的方式，在一年级第一学期的39篇补充教材中编入的汉字超过了1000个，再加上人教版教材中的汉字数量，课文汉字总量增加，这就为一部分识字基础较好、学有余力的学生留有相当充分的识字空间，使他们的学习能力在入学以后能够得到更加充分的提高。

同时，实验补充教材中每篇课文出现的生字不受学生识字量的限制，要求学生认识的只是前面课文中已经反复出现的一小部分字，充分激发了学生的主动意识和进取精神，学生就有可能根据自己的兴趣及已有的识字量自主认识其他生字。

（四）以语言，促思维

实验补充教材和人教版教材二者相加，其课文总量有70多篇，课文字数大幅增加。在教学中，教师将听和说有机结合起来，听过的课文基本上要求学生能够说出来。这些课文中包含大量学生语言中没有的新词汇和句子，学生运用这些词语和句子说话，能有效地促进这些新的语言材料的内化。这样一来，学生就可以不受识字量的影响，使自己的口头语言在原有基础上继续得到充分发展。而语言是思维的工具，语言的发展，必定促进思维的进一步发展。

此外，课文数量的增加，也使课文信息更加丰富了。学生可以从课文中得到更多的思想教育、情感体验，获得更多的文化知识和社会经验，这些知识、经验的积累，又为学生理解能力的可持续发展打下了坚实的基础。

事实证明，听懂文章对促进学生理解能力的提高也有很大作用，学生先听再读，边阅读边识字。学生越读越识，越识越读。当识字量达到一定程度后，他们就能在更高的起点开展阅读活动。

该教学模式要求从听入手，要求学生仔细听，一边听一边想，一边听一边记，这对学生的听力、记忆力和注意力都是很好的训练，不仅有利于学生语言的发展，对入学儿童早期思维的开发也有积极的作用。

实验重视"说"的口头训练，给了学生想象的空间。学生常常有一些让教师惊喜的看法。例如，在学了《坐井观天》后，教师引导学生思考：如果青蛙跳出井口，它会看到什么，说些什么？学生们特别感兴趣。有的说："青蛙跳出井口，看到无边无际的天空，它会说：哇，多广阔的天空，还是小鸟说得对。"还有学生说："青蛙跳出井口，看到无边无际的天空，看到五颜六色的花儿、金黄色的稻田、玩耍的孩子，它会说：哇，天空真的无边无际，还有七彩的世界，幸亏我跳出来了，要不然我会带着错误的认识在井里待一辈子呢！"

又如，学了《狐狸和乌鸦》后，教师问学生："你有什么看法？"学生们七嘴八舌："乌鸦太笨了！乌鸦看看自己一身黑羽毛，也该知道狐狸说的话不对了，怎么还唱歌呢。唉！""狐狸还真有本事。"

（五）巧分散，降坡度

除了在字词教学中分散识记难度，该教学模式对汉语拼音的教学也进行了改革。主要方法是：化整为零，分散难点，注重拼读，边学边用。

分散进行汉语拼音教学。每天或每节语文课留出10分钟左右教学拼音。10周达到能够拼读。声母、韵母教学也采用分步到位的方法。传统的拼音教学，第一次见面就要求记住字母，学会读音，并且能够书写，这对刚入学的学生来说负担很重。"听说起步，阅读识字"教学模式遵循学生的认知规律，从听入手，通过3—5天让学生先把字母听、看熟悉，使之有一个从陌生到熟悉的过程，学生声母、韵母听熟了，对每个字母的写法有了大致的印象，再一批一批强化巩固，让学生记住。

四、探索过程中的操作

（一）故事引路——激发兴趣

喜欢听故事和讲故事是孩子的天性，听故事、讲故事既可以丰富儿童的知识，又能够有效地激发儿童的学习兴趣。教师从学生喜闻乐道的故事入手，让他们在语文课上，津津有味地听教师讲故事，然后让每个学生自己讲故事，听懂会讲之后，教师再带领学生读故事，在读故事的过程中认识汉字。其具体要求是：

（1）听故事。先反复听教师（或录音）讲故事，让学生听懂故事内容，听熟故事语言。为了提高听的效率，培养良好的听的习惯，教师还可以根据故事内容和语言分别设计一些问题，让学生每次都带着一两个问题去听故事，这样会使学生的注意力更加集中，更容易记住故事内容。听故事的练习既可丰富学生的知识，又能培养他们的语感，还可以提高他们的听力和理解能力。

（2）讲故事。讲故事的过程就是训练学生说话的过程，也是学生吸收、积累规范的书面语言的过程。传统的教学，使学生在听讲和烦琐的一问一答中，慢慢丢失了说的欲望，变得"金口难开"。将讲故事作为语言学习的重要形式，应该要求每个学生都要学着讲，都要学会讲。尽管是转述故事，但对学生来说并不容易。要以听熟为基础，然后让学生有充分的时间自己练习讲故事，或同学之间相互讲，在此基础上再指名抽查。对一些比较长的故事，这种分散难点的方法相当有效。讲故事是学生学习的难点，教师必须保证学生有比较充足的练习时间。

（3）读故事。学会阅读也是语文教学的重要任务。故事听熟了，能讲了，再来读课文。学生可以先跟着教师或录音读，再学着自己读。在这种教学模式下，读还担负着识字的任务，所以要求学生指读，边读边认字，反复读三五遍，在阅读活动中与生字见面。这样既可以强化刺激，帮助记忆生字，又可训练朗读（阅读），还有利于语言的内化。

（4）识汉字。课文中的生字很多，教师适当地提出课文中出现频率比较高的一部分生字，让学生有意识地记住，达到认读的要求。

参与课题实验研究班级的学生经过一个学期的练习，在讲故事测试中，其说话能力明显优于同年级其他班的学生，说话的兴趣也大大提高了。到了二年级，当学生的识字量和阅读能力都有了较大的提高时，就可以把"听故事—说故事—读故事—认汉字"的课堂教学模式相应调整为"听故事—读故事—说故事—认汉字"。

（二）化整为零——攻克拼音

汉语拼音是学习汉字的重要工具，小学生应该尽早掌握。但是，学生一进学校，就会集中4—6个星期学习汉语拼音，整天学习"a—o—e"，进行"ba、ma"的拼读训练，既枯燥又乏味，而且学生在开始学习的时候还不知道究竟有什么用处，很难激发他们的学习兴趣。别说孩子，就是成年人，也实在觉得枯燥无味。其实，孩子在入学前，也在学习语言，也在不断地识字，可见拼音不是识字的必要条件。

因此，实验对汉语拼音的教学也进行了大胆的改革。具体做法是：语文课30分钟用于学故事识汉字，留出10分钟分散进行汉语拼音教学，放在课开始或结束前10分钟。实验补充教材的课文也采用全注音方式，学生边学拼音边在阅读课文时练习拼读，拼读练习的实践机会大大增加，能促使学生在更多的语文实践中灵活掌握运用拼音的规律。拼音教学12周完成，原本实验班级教学拼音的总课时数约25个，整整减少了一半以上。

12周后，拼音学习结束时，我们以同一试题，对平行班与实验班的学生逐一进行口试检测。口试的内容为：在5分钟内认读声韵母和整体认读音节24个、拼读音节10个。结果实验班学生汉语拼音拼读的熟练程度和平行班学生基本相等。

（三）阅读识字——双管齐下

所谓"阅读识字"的方法，就是通过听故事、说故事的方式熟悉并理解课文内容和语言，然后根据记忆（或跟随教师或录音），尝试阅读课文，在阅读活动中与生字见面。通过一个阶段多篇课文的阅读，对一个个生字从陌生到熟悉，最后达到识字的目的。

"阅读识字"主要是在刚入学的儿童不识字或识字量很少的情况下进行的汉字教学，在一年级第一学期里，其过程大致可分为三个阶段。

第一阶段：听后阅读，利用无意识记忆熟悉汉字。

"阅读"活动初期，教师不提识字要求，但是每篇课文教学，在学生听熟听懂故事的基础上，让孩子反复指读课文。指读的目的是提高生字认读的刺激强度，每篇课文一般指读3—5遍，以增加与汉字见面的机会。这一时期学生阅读主要靠听力记忆，不一定识字；但是通过一段时间多篇课文的指读，学生对一部分出现频率较高的汉字，有些从陌生到不陌生，有些从不陌生到熟识。

第二阶段：唤起有意记忆，分批强化识字。

为了增强记忆效果，3周以后每篇课文都选择8—12个已经出现多次的汉字要求学生认读。由于反复多次见面，学生已经度过了遗忘率最高的阶段，基本上已经达到了"不陌生"甚至是"熟识"阶段。这时教师要及时抓住时机，用适当的方法唤起学生的有意注意，分批选择复现率较高的生字进行强化记忆，很自然地将学生的无意记忆和有意记忆有机地结合起来，使学生能十分轻松又比较牢固地认识汉字。在认识这部分汉字的同时，学生在连续不断的阅读中，又在继续熟悉另一部分生字。

第三阶段：先识后写，逐步达到"四会"。

入学12周（拼音学完）以后，再要求学生分期分批写字。由于学生已经认识了这些汉字，写起来十分容易，而且巩固率极高。

学生通过一个过程认识的汉字，不但不容易遗忘，而且大大节约了识字的时间。用这种方法教学汉字，教师用在识字上的时间大约只占每篇课文教学时间的1/4。通过一个学期的试验，参与课题实验研究班级学生的识字量由入学初的192.3个增加到562.3个，是非参与实验研究班级学生的1.5倍，其中"四会"字默写正确率与平行班学生持平。一学年结束后平均识字量达931.2个，二年级实验班级学生的平均识字量更是达到了1750个。

实践证明，遵循儿童认知规律，充分开发学生无意记忆在识字方面的潜能，将无意注意和有意注意有机地结合起来识字，是一种减轻学生识字负担，提高识字效率的好方法。同时，在学生有了一定的识字量后，他们开始喜欢阅读，此时只要教师相机把学生引进广阔的读书天地，指导课外阅读，就能让学生感受到阅读的乐趣，产生主动识字的愿望，从而巩固识字成果，拓宽识字途径。《格林童话》《安徒生童话》《雷锋日记》《成语故事》……都成了学生的好朋友，课余常看得聚精会神。从不会看书，到能看书，再到爱看书，可以看出识字是根本，是关键，对孩子们的言行起着潜移默化的作用。另外，把识字时间压缩到最小限度，教师就能将大量时间放在

学生语言的发展上，从而一举两得，从根本上解决学习汉语的儿童由于识字而造成语言发展滞后的严峻问题。

（四）故事录音——个性体验

现在的语文教学存在一个现象，就是学生真正"听课"、说话的机会少。现在很提倡"自主学习"，但很多教师发现即使这样，语文课堂还是尖子生的天地，其余学生常坐冷板凳，学得很被动。在实验教学中，教师充分调动每个学生的积极性，人人参与讲课文故事，使每个学生都有发言的机会。比如：

1. 互做"小老师"

我们针对每个学生都向往当老师的特点，把"权利"下放，让学生同桌间互听录音打分并提出建议。实践下来，由于学生肩上有"提建议"这副重担，在教师指导朗读时，学生特别用心，提的建议也条理分明，颇有"小老师"的风范；回家录音更不敢怠慢。他们在互相评价中取长补短，每篇课文不仅会说，而且说的水平也日渐提高。

2."小小辅导员""小小学童"结对子

充分调动班级优秀学生资源，对于讲故事困难的学生进行及时的、面对面的纠正，并运用激励机制。每小组推荐一名平时讲故事优秀的学生作为"小小辅导员"，对每次讲故事"不合格"的"小小学童"进行指导。一段时间后，根据"小小学童"的成绩，对"小小辅导员"进行表扬，并定期评选出一名优秀的"辅导员"。

3. 优秀录音作品欣赏

每周根据得分选出优秀录音作品前六名，在早读或午休时间给大家欣赏。这既是对优秀学生的肯定，又让大家在欣赏美的同时，产生羡慕的情感，并积极要求加入这一行列。

一年级学生两个学期下来，讲故事70多个，二年级学生四个学期下来讲故事100多个，并进行了录音。虽然讲故事的水平不怎么样，但切切实实反映出学生语文学习的进步，他们充满了成就感。而这正是实验既面向全体学生，又关注个体差异，把语文课公平地给予每个孩子的结果。这样的练习极大地丰富了学生的语言，让学生能说会道。在一年级一次说话练习中，当一个学生说"天上的月儿很圆"，另一个学生马上抢着说："老师，我还有另外的说法，是'天上的月儿多圆啊！'"另一个学生又补充说："天上的月儿可圆啦，像个大圆盘。"孩子们越说越积极，而且越说越好。

（五）爱说乐写——勤积善用

"听说起步，阅读识字"课题组编写的补充教材，内容十分丰富，学生一学期的阅读量和识字量也大大增加。学生在听故事、讲故事的同时，积累了大量的好词好句。有了这么好的基础，从一年级第二学期开始，我们就尝试让学生模仿运用课文中学到的词句写话。从写一句，到写几句，慢慢发展为写一小段，几小段，到二年级下学期学生已能写一篇短小的文章了。有些班级还编辑了本班的日记选，让学生提前体验写话的乐趣。

1. 依靠教材，仿写起步

模仿是写作的基础，对初学写作的学生尤为重要。随着大量的阅读，学生积累的好词好句越来越多，让学生模仿课文写几句或一段话，应该不是件难事。在教学中，我们经常根据教材，选择读写结合点，借助仿写的方式，降低难度，轻松起步，让孩子明确读和写的联系，促进学生实现从读到写的迁移，激发写话的兴趣。比如，学了《黄山奇石》这一课，有学生想象仿写《仙女弹琴》：

很多游人站在前面在干什么呢？好，等我走过去看一下。原来前面有一位漂亮的姑娘坐在一座高耸入云的山峰上，面前摆着一架琴，她正入神地弹着琴。你们听，多动听的琴声，游人都陶醉了，忘记了继续游览前面的景点。这就是黄山有名的"仙女弹琴"。

学了《大森林的交响乐》，学生就仿用课文中的语句，写《公园的早晨》：

早晨的公园真美！风儿吹拂着绿色的树梢，就像纤细的手指按响了风琴。美丽的花儿张着小嘴向大地问早安。小草扭动着腰肢像在欢迎人们的到来。大树伸出了绿色的枝叶，为人们遮阳光。小鸟在树上唱着美妙的歌，梳着美丽的羽毛……

学了《植物妈妈有办法》，学生就仿写：

椰子树妈妈有个好办法，它让孩子挂在树梢下，只要孩子成熟往下掉，孩子们就顺着海浪纷纷出发。

2. 走出课堂，感悟生活

写话离不开生活，生活是人类语言的源泉。在日常生活中，一次游戏、一个场面、一所公园、一件摆设、一席对话、一场宴会都是孩子笔下的内容。自然界的虫叫鸟鸣，刮风下雨，日出日落，日盈月亏，还有城市日新月异的变化，都成了孩子写作的素材。为了提高学生的写话兴趣，在教学中，我们时时引导学生留心身边的人、事、物，把自己听到的、看到的、想到的、做过的写下来。让他们知道，生活中的许多事情都是写话的内容。再通过小组循环日记、评选作文大王等方式，让学生把自己喜欢的、幻想的、开心的事以写的形式记下来。比如，有个学生写自己的家乡——《市桥亮起来了》：

每当夜幕降临，市桥就亮起来了。整个市桥变成了灯的海洋，光的世界。

番禺广场华灯高照，多不胜数的人有说有笑，热闹非凡。喷泉灯照在喷出来的水上，光彩夺目，十分吸引人。广场四周，一个个灯卫士守卫着广场。

十字路口，一条条斑马线犹如一匹匹斑马。街道上，照明灯、红绿灯、车灯点染着繁华的市桥。

生意兴隆的"好又多""信和"等商店，明亮的橱窗、绚丽多彩的广告、五光十色的霓虹灯，把那段路变成了比白天还亮的"不夜城"。

中银大厦25楼的工作人员忙起来了。一束束灯光照着高大的中银大厦，银光闪闪，十分动人。

市桥，多么繁华，多么美丽！

五、综合评价

实验研究开展一年半以来，我校在教学中摸索着前进，并取得了令人满意的教学成果：学生的朗读水平提高了，识字量增加了，读写能力提高了，参与实验研究的班级由原来的3个扩展到7个，教师们从怕做课题研究，到纷纷主动要求参与。我们也深深觉得"听说起步，阅读识字"这种教学模式在粤方言地区也是切实可行的。因为实践初步证明这种低年级语文教学模式符合语文教学大纲的教改思路，它摒弃了烦琐的分析讲解，不刻意追求语文知识的系统性和完整性，而是让学生更多地直接接触语文材料，在大量的语文实践中掌握运用语文的规律，从而为方言地区的学生营造了一个良好的语言学习环境。在听说读写的过程中，让学生学会倾听、表达与交流，养成语文学习的自信心和良好习惯，掌握基本的语文学习方法，获取基本的语文素养，从而有效地激发学生语文学习的兴趣，挖掘学生语文学习的潜能，为学生语文能力的可持续发展打下坚实的基础。

"不积跬步，无以至千里。"语文学习的过程好比建造一栋高楼大厦，基础打得扎实，房子才能盖得高，经得起风雨。"听说起步，阅读识字"教学模式的优点正在于能帮助学生把语文学习这座高楼大厦的基础打得更牢固、更结实，同时也让学生学得更愉快，教师教得更轻松。

【妙笔生花】

养 蚕

3月7日，妈妈买给我7条蚕宝宝。我既害怕又高兴。

蚕宝宝灰灰的，有几个小黑点，前面有6条腿，后面有8条腿，软软的，真可爱。

过了几天，又小又灰的蚕宝宝忽然不吃也不动。我问妈妈："蚕病了吗？"妈妈说："蚕不是病了，是在换衣服呢。"我才知道蚕原来在换衣服。换完衣服，我看见蚕胖了，长大了。我说："这条蚕最胖最长，就叫大头仔吧。"

过了几天，大头仔吐丝做茧，两天就做好了，其他的也在做。最好笑的是7条中最蠢的那条蚕，它做好了茧子却不小心从茧子中滚了出来。我看见了，忙把它轻轻地放回茧子里。

过了几天，大头仔又是第一个咬破茧子，变成了蚕蛾。蚕蛾头上有两条像眉毛一样的触角，它摆动着触角，拍动着翅膀，好像在说："看我多威风。"其他蚕蛾也都咬破茧，产下许多卵。过了不久，蚕蛾静悄悄地离开了人间。

百万葵园

位于番禺区最南端的万顷沙镇，有一个远近闻名的地方叫百万葵园。

百万葵园真是个好地方。那里是花的海洋，种满了金灿灿的葵花，远远望去，真像一个个金色的小太阳，吸引了许多蜜蜂和蝴蝶来采花蜜。那里也是动物的乐园，有五颜六色的鸽子，还有团结友爱的蚂蚁。最有趣的是小松鼠，它们一会儿爬上树，一会儿跳下来，还扮鬼脸来逗游客们开心呢。

小朋友，如果你有空，就去百万葵园游一游吧，小动物们正等你去逗它们玩呢。

找到了春天

星期天，妈妈带我去大夫山公园玩。公园里到处盛开着美丽的鲜花，地上长着嫩绿的小草，湖边的柳树枝条上长出了碧绿的小叶，一只只蜜蜂在花丛中飞舞，成群的燕子在飞来飞去。这里的春天真美丽。啊！我找到春天啦！

小熊真可爱

春天到了，大森林里美丽极了：绿的草地像绒毯，盛开的花像星星，高高的大树像大伞，小小的蘑菇颜色鲜。这里是小动物的快乐天堂。小熊一家就住在一棵大树下的石洞里。

"爸爸，你要干什么？"

"我要在门口加上栅栏。"

小熊急得一把拉住爸爸的手，说："爸爸，您砍了大树，小松鼠和小黄鹂就没家了，小兔也不到这儿来采蘑菇了。朋友们都不会和我一起玩了，那可怎么办呢？"说完，小熊急得呜呜地哭了起来。听了小熊的话，熊爸爸放下锯子，惭愧得低下了头。小动物们高兴地跳了起来，欢呼着："小熊真好！小熊真可爱！"

学滑雪

今年放寒假的时候，妈妈带我去沈阳旅游。我一下飞机虽然感觉天气非常寒冷，但是看到满地的积雪，我兴奋极了，这是我第一次看到雪。

第二天，我们的旅游项目是滑雪。吃过早餐，在导游姐姐的带领下，我们乘车来到了沈阳市的东北亚滑雪场。滑雪场到处都是白茫茫的积雪。这天的天气非常晴朗，蓝蓝的天空映着地上的白雪非常漂亮。一下车我们就租了雪具来到滑雪道上，许多大哥哥、大姐姐在那里玩得正欢呢。看着他们快乐的样子我也想快点加入他们。妈妈刚帮我穿上雪筏子，我就顺着斜斜的雪道向下冲去，可没滑多远就摔倒了，原来滑雪并不像我想的那么容易，我哭了，不想再滑了。妈妈鼓励我，要我继续努力，不要轻易向困难低头，要做一个勇敢的孩子。于是我又重新回到雪道上，一次、两次、三次、四次，经过几次努力，我找到了平衡身体的方法，终于学会滑雪了，而且还敢从最陡峭的山坡上滑下去呢。看到我从最高处快速地滑下来，在旁边看我滑雪的大哥哥、大姐姐都竖起大拇指，夸我是个勇敢、聪明的孩子。我特别高兴！

春　雨

春雨沙沙，

春雨沙沙，

细如牛毛，

到处纷飞。

飞到花上，

花儿笑了；

飞到草上，

草儿弯腰。

春雨沙沙，

纷纷落下，

落到湖里，

个个圆圈。

让草长高，

让花美丽，

让树长叶，

叫醒青蛙，

吵醒小鸟。

春雨沙沙，

淋湿我的草帽，

沾湿她的雨裙。

我们顶着细细的春雨，

去种树、种花，

帮祖国建设绿化。

春雨沙沙，

春雨沙沙。

第二辑　教学智慧　点滴成文

凸显目标意识　聚焦语用核心

——以统编版教材为例谈语用教学

《义务教育语文课程标准》（2011年版）（以下简称《课程标准》）明确指出"语文课程是一门学习语言文字运用的综合性、实践性课程"。这进一步揭示了"语言文字运用"是语文学科之特质、语文能力之核心及语文素养之根本，既是语文教学本质的回归，也是语文课程改革的一次重新整合。语文课程内容博大精深，语文教学可因教师个人风格和教学差异而异彩纷呈，但教学目标和教学内容都必须围绕这个核心，教学的种种策略和方法也都应该指向这个核心，这个核心就是学习语言文字的运用。综观当下，虽历经多次课改，语文教学中的一些积弊有所减少，但阅读教学重人文轻工具，重读写轻听说，重讲解轻训练，重分析感悟轻理解运用的现象却依然在语文教学、语文课堂中存在，并屡见不鲜，这值得每一个教育者深深反思。

统编版教材注重经典，选文精美而富有童趣，与旧教材相比进行了较多的更新，内容更富有鲜明的时代特征和鲜活的语言张力。它在编排上努力贴近小学生的心理年龄特点、学习认知特点，其语言训练注重梯度，语文知识和能力点循序渐进，其更关注语文学习的趣味性和实践性。

一、立足文本，发掘语用训练点

语文教材既是语文知识的载体，又是语言文字训练的依据，教材中精当的用词、多变的句式、生动的描述、严密的说理、巧妙的构思……这些语文因素都足以成为训练的良好素材。对此，教育学博士、上海青语会理事长郑桂华老师有过这样独到而精辟的描述："一篇课文在存在许多教学价值点的情况下，教学设计不仅应该关注文本的核心价值，更要抓住'语文核心价值'，重点挖掘课文隐含的语文学习价值，重点训练学生对语言的感受能力和表达能力……"因此，在语文教学实践中，就需要教师有一双能抓牢、抓准最佳语用训练点的"火眼金睛"，提纲挈领，抓住关键点。

（一）依据课标，确立语用训练点

《课程标准》对九年义务教育的每个学段都提出了不同的目标和评价要求，这是教师挖掘语用训练点，落实语言训练的根本依据。比如，一年级上册教材除拼音、识字外，还编排了"四季""想象""儿童生活""观察"4个单元共14篇课文，凸显了不同的人文主题，涵盖了不同的语文要素，充分展现了语文学习的"梯度"。对统编版教材的编写用意，浙江省杭州市下城区教师教育学院柳琏老师在《凸显语文要素 明晰知识体系——谈一年级课文阅读要求的层级序列》一文中有精彩的阐释："努力体现语文学习体系与教学梯度，突出语文课程的核心目标——学习语言文字运用，强调语文与生活的联系，以语文能力培养为主线，体现层级序列，增强实践性、可操作性。"

另外，低年级已经安排了理解难懂词语的各种方法的学习，但编者在三年级上册还安排引导学生对各种方法进行综合运用。在此基础上，统编版三年级下册又在第六单元安排了"运用多种方法理解难懂的句子"这一语文要素，引导学生迁移已经掌握的理解语言形式的常见方法，提高从文本中获取信息的能力。

（二）立足文本，找准最具价值语用点

语文教材中选用的课文语言规范、文质兼美，是学生学习语言的范本。教师应该以此为抓手，深入文本，引导学生在言语运用的实践中多走几个来回，习得方法，学会表达。

以往教材编写时每一篇课文的课后习题都会明确提出"朗读课文"，但统编版教材在重视朗读之余，会根据不同年段、不同要求、不同文本提出更加具体、细化的朗读要求。以一年级上学期为例，对刚入学的学生而言，教材是把"读好课文"作为学习要求和重点。最开始是要求学生"朗读课文，读准字音"，随着学习的深入，要求也相应发生变化，如"朗读课文，注意'一'字的不同读音"是要求学生注意读准一些特别字；"读句子，注意读

好停顿"是要求学生读好一些常用标点的停顿；"分角色朗读课文"是要求学生分角色朗读课文，趣味性与知识性并重。

到一年级下学期，教材在"读好课文"的基础上，把朗读要求和着重点划分为两个层次逐步实施：一是指导读好句子，有的课后习题要求读好带感叹号的句子，有的课后习题要求注意读好长句子；二是指导分角色朗读，在全册渗透读好对话、分角色朗读的基础上，最后一个单元的最后一篇课文《小壁虎借尾巴》在课后习题中安排了选做题——"和同学分角色演一演这个故事"。这样，以目标为先导，以语用为核心，围绕学生的言语实践，训练目标既明晰又有延续性，而且教师实践起来任务明确，可操作性强，目标达成率高。

二、聚焦语言，强化言语实践运用

新课标明确指出"学生是语文学习的主体，教师是学习活动的组织者和引导者"。在阅读教学中，借助教材充分开展读写训练，是培养学生语言文字运用能力的有效途径。教师应通过深入解读教材，品味文本语言，揣摩细节描写，领悟表达形式，精心挑选最具价值的教学资源，巧设"听、说、读、写"链接的实践平台，引领学生在说话或读写训练中得意、得言、得法，切实促进学生积累语言文字和提升运用能力。

（一）从语言精妙处学法

统编版教材收录了许多美文，如三年级下册第一单元有《燕子》《荷花》《昆虫备忘录》，第四单元有《花钟》《蜜蜂》《小虾》，文章分别从不同的角度描写了多姿多彩的植物和活泼可爱的小动物，语言精妙传神，惟妙惟肖，其中许多还是脍炙人口的名家大作，如郑振铎的《燕子》，叶圣陶的《荷花》，汪曾祺的《昆虫备忘录》，法布尔的《蜜蜂》等。为此，教师在阅读教学中要抓住那些描写细致、精彩的语句，引导学生反复品味，探究表达的奥妙，提高其对祖国语言文字的领悟力和敏感度。

比如，《荷花》一文，第二自然段关于花开的描写是一个经典片段："荷花已经开了不少了。荷叶挨挨挤挤的，像一个个碧绿的大圆盘。白荷花在这些大圆盘之间冒出来。有的才展开两三片花瓣儿。有的花瓣儿全展开了，露出嫩黄色的小莲蓬。有的还是花骨朵儿，看起来饱胀得马上要破裂似的。"句段以"总—分"结构展开，依次描写了碧绿的荷叶，花瓣儿才展开、全展开及还是花骨朵儿的荷花姿态，用词朴实无华又描摹精准，句式简洁洗练又朗朗上口，如一幅徐徐展开的画卷。

教师结合课后小练笔"第二自然段写出了荷花不同的样子，仿照着写一种你喜欢的植物"和单元习作"我的植物朋友"，由浅入深，从段的仿写到篇的构造，逐层指导学生品词句，悟写法，学表达。在教师的引导下，有的学生说："我最喜欢茉莉花啦！它的花瓣雪白雪白的，像牛奶一样纯净。叶子碧绿碧绿的，像阳光下透亮的宝石。小小的花骨朵儿就像是白玉雕成的，饱胀得要破裂似的，特别惹人喜爱。茉莉花儿还有淡淡的清香，要是在屋子里放上一盆，那香味儿啊，会飘到屋子的每一个角落……"

（二）从形式表达上仿练

叶圣陶先生说过"教材无非是个例子"。课堂上语文教师要善于紧扣文本，引导学生关注字、词、句、段、篇、章的表达特点和表达方式，在实践中模仿，在迁移中运用。比如，一位青年教师在教学比赛中执教童诗《一个接一个》，这是日本童谣诗人金子美铃的作品。她用儿童最自然的状态来体验感受这个世界，用最接近儿童的语言表达简单的内心世界，讲了一个小孩儿无奈又快乐的一天，表现了孩子积极向上、乐观的生活态度。诗歌共4节，前三节格式相似，每一节的第一句连接着上一节的结尾，内容环环相扣，与题目"一个接一个"相契合。最后一节诗中孩子天真的发问，使诗歌更富童趣，引发小读者们的情感共鸣。全诗语言质朴，明白如话，教师通过教、扶、放的方式，先学习课文一至四小节，接下来在迁移运用、拓展延伸环节，出示一个与童诗结构相似的句式，让学生分享练说：你有没有和"我"相似的经历呢？

正＿＿＿＿＿＿＿＿＿＿＿＿

就＿＿＿＿＿＿＿＿＿＿＿＿

唉，＿＿＿＿＿＿＿＿＿＿＿

不过，＿＿＿＿＿＿＿＿＿＿

对一年级的学生来说，要在学完童诗后，分享练说相似的经历，其实是一件殊为不易的事情，因为教材中看起来浅显的文字、简单的句子，其实包含了深刻的人生哲理，是成人世界的观照反思和自觉顿悟。六七岁的孩子对身边世界的感知形象直观，从思维和生活层面来讲他们既难以发掘相似点，也不易清晰表达想法，对课后习题的突破几次试教都不成功。为此，我在磨课中提出了句式仿说的构思，结合文本把内在肌理比较复杂的诗节，通过梳理用几个关键字提炼出来，使言语训练形成梯度和序列，既给学生的思维发展搭好梯子，又尽量可以生发，不加太多局限和束缚，毕竟孩童的奇思妙想是我们成人猜想不到的，这就是教育教学的乐趣。通过前面学习的情意碰撞和言语积累铺垫，调整后的教学策略获得了成功，孩子们变得有话可说，言语表达和思维训练都得到了提升。当其他孩子都在说玩耍、阅读、看电视等被打断时，有一个小男生说："正在上课的时候，就突然听到了下课铃的声音。唉，我多想再学一会儿啊！不过，下课了就可以和朋友一起玩耍，也是一件很快乐的事啊！"他深深沉浸在课堂学习中，摇头晃脑，无奈摊开双手的样子，让听课的教师都忍俊不禁，纷纷给他竖起大拇指点赞！

（三）从文章空白处想象

统编版教材中有许多诗文妙趣横生，意犹未尽，给读者留下无穷的联想、想象、创新的空间。在教学中只要教师熟悉《课程标准》，用心揣摩教材，领悟编写意图，抓住语用核心，语言训练点就无处不在。

比如，在《一个接一个》的教学中，第一小节有句诗是"大人叫回家睡觉"，语言浅显近乎大白话，毫不生涩艰辛，这其中"大人"一词也不需要教师多讲学生即能理解，但这样的课堂教学就仅仅停留在识字会意上吗？显然不是。我在此设计了一个小细节，让学生想一下平时家里大人都有谁？孩子七嘴八舌说开了，"爸爸、妈妈""爷爷、奶奶""外公、外婆""阿姨"……孩童的世界是简单的、快活的，我话锋一转"那谁能来当当爸爸、妈妈，叫孩子回家睡觉？"从而把想象、诵读放到生动有趣、喜闻乐见的情境中，使学生学习的积极性、主动性一下子就被激活出来了。如此，既体现了新课标倡导的个性化阅读，又提高了学生的语言运用能力。

三、重视积累，促进言语有效增值

苏联伟大的教育家苏霍姆林斯基说过："让学生变聪明的方法，不是补课，不是增加作业量，而是阅读，阅读，再阅读。"学习"语言文字运用"，积累、阅读大量典范的语言材料是基础，体会掌握语言运用的基本规律是途径，提升口头和书面表达能力是最终目的。

（一）恒常性诵读，促言语内化

有感情地朗读是理解语言文字的有效方法，叶圣陶曾誉之为"美读"。因为学生通过声情并茂的朗读，可以加深对词语内涵的理解，从而领悟文章的表达主旨，体会作者的思想情感或写作目的等诸多语文要素。统编版教材安排了许多朗朗上口的童谣童诗、儿歌韵文、精美短文，如一年级《姓氏歌》《古对今》《人之初》，二年级《场景歌》《拍手歌》《传统节日》《雷雨》等，皆音韵朗朗上口，语言浅近易明，学生一般多读几遍就耳熟能详，出口成诵，优美的语言文字自然而然地就根植于孩童的内心，充盈他们的大脑，内化为其成长的养分，丰盈他们的童年生活。

（二）多维度阅读，促言语丰富

统编版教材还体现了一个非常重要的阅读教学理念，那就是"多读书，读好书，好读书"。吕叔湘说过"语文学得好的人，无一不得益于课外阅读"。语文教学既要立足课堂，也要超越课堂。语言的学习不是无本之木，学生没有大量的阅读，积累又从何谈起？语文教师要做到课堂教学、儿童阅读两手都要抓，两手都要硬。

第一，打破阅读课内课外的界限，模糊课内课外的边界。统编版教材忠实地贯彻执行了《课程标准》中"加强学生阅读"的理念和精神，在编排体例上明确地将课内阅读与课外阅读有机结合起来，形成新的阅读教学体制。除了传统的精读课文、略读课文，还创造性地在"语文园地"中设置了2个新栏目——"和大人一起读""快乐读书吧"，通过课本把阅读时空从课内延伸至课外，阅读指导从课外回归课内，充分展现亲子阅读、全民阅读、自主阅读的编排理念和教育趋势。同时，教师又通过口语交际、语文综合性学习的形式，以"听故事，讲故事""看图讲故事""图书借阅公约""趣味故事会""中华传统节日"等不同主题，关注阅读过程中的细节，引领并丰富学生的阅读形式，深化阅读内涵，使阅读指导开展得有趣、有序、有效。

第二，培养良好的阅读习惯，阅读方法呈螺旋和梯度上升。统编版教材中随文设置了各种"泡泡"，用以提示理解文章的方法。比如，二年级学生，教他理解词语的方法是一大重点，但如何教，教什么，是有梯度、有序列的。按第三册课文编排的先后顺序，《黄山奇石》中的泡泡是"我能猜出

'陡峭'的意思"；《葡萄沟》中的泡泡是"联系上文，我知道了'五光十色'的意思"；《大禹治水》中的泡泡则变成"联系下文，我知道了'泛滥'的意思"。词语理解方法呈现先易后难、逐层推进的关系；设置课后习题时，教师有意识地引导学生在阅读活动中根据提示的方法读懂文章，如二年级下册《大象的耳朵》中有一道课后习题是"人家是人家，我是我。结合生活实际，说说你是怎么理解这句话的"；还有"边阅读边想象画面""把阅读与生活经验联系起来"等。三年级则进行猜测与推想的渗透，使学生的阅读之旅充满乐趣。

在统编版教材的学习使用过程中，我深刻认识到语文学科是为引导学生更好地掌握和运用语言文字服务的，语文教学在学习"语言文字运用"中回归课程本质，指向语言的功能，强调语言的实践，工具目标得以落实，人文目标得以落地生根。慢慢地，我们的语文教学会真正走向学语文、用语文的道路。唯有在学习语言文字运用上下功夫，语文教学才会走上正途，真正回归语文的"原点"。

抓语言训练本体，回归语文本色

——让词语教学鲜活、灵动起来

　　词语是语言的基本材料，是构成文章的基本单位，词语结合在一起就构成了一句句话，一篇篇文章，因而词语在以发展学生语言为根本任务的语文教学中占有举足轻重的地位。语文教师的一个重要职责，就是带领学生沉入词语的感性世界，和学生一起在汉语中"出生入死"。但综观现阶段的课堂，词语教学往往成为"被人遗忘的角落"，不是处理方式"浮光掠影"，就是教学方法机械、单一。学生毫无兴趣，教学效果更是可想而知。到底如何提高词语教学的有效性，让学生真真切切感受到词语的独特魅力，让词语成为学生言语表现中的鲜活元素呢？

　　我认为，对小学生而言，词语教学是连接字与句的桥梁，是理解文章、句子的基础，只有真正掌握了，才能为今后的阅读扫清障碍，为写作提供丰富而源源不断的语言素材。综观词语学习，应包括对它的理解、积累和运用。其中，理解是前提，学生只有将它真正消化吸收为自己的语言，才谈得上积累与运用。就某一词语而言，学生只有准确而深刻地理解了，才能在头脑中留下清晰的印象，运用起来才能得心应手，而不至于"张冠李戴"或"词不达意"。有的教师在词语教学中，往往热衷于将词语从鲜明活泼的语言环境中析离出来，让学生机械地将词语读一读，写一写，甚至将词意整条照背，只要能读、会写、识背，就认为已经大功告成了。殊不知，这种本末倒置的方法，无异于"猪八戒吃人参果"，会让学生食而不知其味。为此，教师不应将精力停留在读、写、背的粗浅层次上，而应切切实实地引导学生深入探讨剖析这个词语在具体的语言环境中所具有的真实内涵，领

略其精髓和妙处。

中国汉字源远流长，每个字所表达的意思都非常丰富。假如文章是一所"房子"，那词语就是盖房子用的一块块"砖"。要正确理解文章内容，首先就要真正弄懂每个词语的意思。遇到不明白的词语，查找工具书当然是一种简便的方法，但我们并不会时刻把工具书带在身边，这就要借助一些其他方法来读懂词意。那么，如何才能趟机械讲解、生硬灌输、僵化记忆的误区，让词语教学鲜活起来、灵动起来、有效起来呢？下面我结合自己在日常教学中常用的一些方法，谈谈自己的思考与体会。

一、在具体的语言环境中"悟"意

这是最基础也是最重要的理解方法。因为汉字常常是一词表多义，有时甚至会因为语调和标点符号的异同而产生歧义，光靠查字典还不能准确判断其寓意，只有在一定的语言环境中，其词义才能凸显。因为"语境"是一种大的语言背景，是制约词义的"场"。离开了具体的语言环境，是谈不上对一个词的准确理解的。很多教师习惯让学生查字典，以查字典来代替理解的过程，是用一种抽象的语言来解释另一种更深奥的语言。其实，教师只要引导学生联系生活经验，借助联想和想象，激活学生头脑中储存的生活表象，让他们把眼前读到的语言文字，与他们自己的生活经验相联通，使他们的认知世界与生活世界相互交融，就能品味到语言的弦外之音、言外之意。

比如，我在教《翠鸟》一课时，出现了这样一个词语"锐利"，从字典中可以查出它有两个不同的义项：①指感觉灵敏，目光尖锐；②指快或尖（指刀枪的锋刃），跟"钝"相反。我没有让学生去背现成的解释，而是让他们读一读出现在这个词语前边的句子，学生经过自己的阅读、揣摩、思考，纷纷举手发言："'锐利'前面的句子是'小鱼儿悄悄地把头露出水面吹了个小泡泡，尽管它这么机灵，却还是难以逃脱翠鸟锐利的眼睛'。这里说鱼很小，动作很轻（悄悄地），很小心（小泡泡），却还是被翠鸟发现了，从反面证明'锐利'一词是指翠鸟的眼睛非常厉害，连小鱼这么细小机灵的目标也躲不过。"

显然，把"锐利"一词放到具体的语言环境中去感悟，学生轻而易举地就能辨别出它的真正所指，强过背词义千百倍。

二、联系上下文"明"意

这是学会读懂词语最简单、最实用的方法，对提高学生的独立阅读能力能起到极大的促进作用。因为许多中低年段的学生生活阅历少，接触面窄，接受能力受限制，对于一些抽象概括的词语，往往处于一种一知半解、似是而非的境地，单凭查字典并不能帮助他们准确理解其寓意，只有在贴近他们的生活实际，符合他们的思维习惯，能够让他们真实感受得到的语言环境中，才能说得上是准确把握了其词义。为此，在教寓言《揠苗助长》时，当出现了"筋疲力尽"这个词后，我没有急着让学生去查字典，而是细心引导他们去阅读上下文，试着猜猜这个词是什么意思。学生经过一番细心研读，七嘴八舌地争相发言：

"上文写农夫'从中午一直忙到太阳落山'，说明'筋疲力尽'是指农夫干活的时间长，中途又没有休息，最后把力气都用光了，感到非常疲劳。"

"'筋疲力尽'的下文是讲农夫干完活后回到家里一边喘气一边说'今天可把我累坏了'，从这里可以看出它的意思是指很累、很疲劳。"

……

词语教学必须让学生进入语言文字所描绘的情境，才能对学生产生强烈的感召力，激发学生主动去捕捉词语的丰富内涵，把抽象的文字符号还原成鲜活的生活画面。摒弃单一的说教和机械化的生搬硬套，通过教师巧妙地引导学生通过联系上下文，新颖鲜活地吸取到词汇的精髓，不失为一种简便易学的方法，对提高学生的独立阅读能力起到了极大的促进作用。

三、借助直观形象"会"意

这是理解词义最直接、最有效的方法。有的词语，字典的解释比较抽象，联系上下文还是不容易理解。如果教师能借助直观的教具、实物，配合表情和动作，引导学生联系生活实际，用自己的言语作出回答，反而更容易帮助学生准确理解词语的真正内涵。课文《美丽的小兴安岭》中有这么一句："早晨，雾从山谷里升起来，整个森林浸在乳白色的浓雾中。"怎样体会"浸在"一词的含义呢？教师先问学生"浸在"是什么意思，学生回答"放入水中"。教师并没有满足于这一搬来的答案，而是顺手将一个盛水的

玻璃杯和一块石头放在讲台上，请学生上讲台演示"浸"。学生将石块放入水中说"这就是'浸'"。于是，教师趁机启发："那就是指整个森林都放在水里啦！"学生们顿时发出会意的微笑，说："这里的'水'应当指'浓雾'，整个森林是浸在乳白色的浓雾之中，这说明早晨，山谷里的雾很浓，像水一样包围了整个森林。"就这样，学生在准确掌握词义的情况下，用自己的语言作出了正确的回答。

四、在比较推敲中"辨"意

在孩子的认知活动中，比较是一种有效的方法。对意思相近或相反的词语加以比较，可以分清异同，准确理解。比如，在《一定要争气》一文中，写童第周在做一项实验时，"不但需要熟练的技巧，还要耐心和细心"。乍一看，这两个词有几分相似，但仔细比较一下，就会发现"耐心"是指坚持不懈，始终如一，强调他经得住时间的检验；"细心"是指态度认真，一丝不苟，强调他经得住困难的考验。但枯燥的词义讲解并不能让学生真正辨析二者的异同，若再联系上下文，从"做了一遍又一遍"看出其"耐心"可嘉，从"把青蛙卵的外膜剥掉"看出其"细心"可贵。因为——蛙卵之小，外膜之薄，剥离之难，若缺乏细心和耐心，手术是无法成功的。在教师的指导下，学生通过自己反复推敲和琢磨，深刻体会到这两个词运用的准确性，并对童第周产生了深深的敬佩之情。

又如在课文《蜜蜂引路》中，出现了这样一组词语："列宁常常请养蜂的人来谈天"和"往常派去找他的人不在，列宁只好亲自去找"，乍一看，"常常"和"往常"两个词有几分相似，加上方言区的孩子平时并不常用这样的词汇，要分清还真不容易。但仔细比较一下，就会发现"常常"是指平时经常这样，而"往常"除了这个意思之外，还特别强调了是"以前或以往"，是过去发生的事或行为。

五、联系生活实际"解"意

生活是一本百科全书，而孩子的生活体验是一笔宝贵的财富。无论哪个年龄层次的孩子，他们都有自己的生活体验和个体感知，这是无穷无尽的宝藏，教师要学会在教学中、在课堂上充分调动运用起来。比如，在学习

《北京亮起来了》第二自然段第一句"长安街华灯高照，川流不息的汽车，灯火闪烁，像银河从天而降"时，连续出现了"华灯高照、川流不息、灯火闪烁"等几个四字词语及一个打比方的句子。可"银河"是怎样的，相信许多成人都没见过，更别说孩子了。可孩子们生活在番禺，夜晚市桥的灯火璀璨，夜晚大北路的车水马龙，是绝大部分孩子亲眼见过的，虽然规模小一点，但也很壮观，只要将二者一联系，北京的繁华热闹、绚丽多彩就如在眼前，可观可感了。

其实，理解词语的方法千变万化、层出不穷，但万变不离其宗，只要让学生真正掌握几种常用的方法，因"词"释义，就能以不变应万变，逐步做到自主理解，独立运用，从而迈开阅读写作的第一步。

在小学语文当中，词语教学是一个理解、积累、运用的循序渐进的过程。其中，理解和积累是前提，表达和运用才是最终目的。学过的词语只有善于表达，才能获得深层的体验和持久的生命力。教学实践证明，与学生精神世界联系越广泛的词语，就越易提取越难忘记；与学生生活联系越紧密的词语，就越有活力、越持久。所以，语文教师在教学中要尽可能启发调动学生在生活实践中获得的"真实的经验"，把语言文字放在具体的语境中领悟词义，它才会真实融入学生的精神领域，与他们的心灵主体同生共存，成为其获取的终身语文素养中不可缺少的有益养分。

巧借绘画学语文

——我们这样走进新课程

　　语文教学是一门艺术，是将美好的东西呈现给学生，让他们学会欣赏、创造。中国文字博大精深，含义隽永，而小学生由于年龄小，认知水平有限，要让他们一一领悟吃透，并不容易。

　　根据个人的实践，我认为利用已有的课程资源，将绘画引进课堂，使图与文互相结合，不失为一种简单快捷、行之有效的教学方法。因为绘画是少年儿童喜闻乐见的一种形式，简单明快的线条，艳丽多姿的色彩，往往一下子就能抓住儿童的心。而且绘画的鲜明直接，能使文章中一些抽象难懂的词句在学生眼前变得简单明了。学习的难度降低了，学习的兴趣自然就浓厚了。同时，图与文都是再现生活的形式，都同样以对生活的观察和体验为前提，这既是二者的共同点，也是二者的结合点。它们相互交叉与渗透，绘画利用线条和色彩表现生活，文章采用语言和文字反映生活。古人云"诗中有画，画中有诗"，固然是对佳作的高度评价，但由此也可看出诗（也即文）画间的渗透与交融。这既是绘画与文章可以联姻教学的基础，也是巧借绘画进行语言文字训练，培养学生再创造能力的前提。

一、学文前画——引疑激趣，强化感知

　　良好的开端是一节课成功的一半。作为课堂教学中重要环节的引言部分，不仅要向学生揭示课文的主要内容，而且要激发起学生的学习兴趣。比如，《雪地里的小画家》是一篇极富儿童情趣的诗歌。诗歌采用简洁、生动而充满童真的语言和拟人化的手法，通过描述小动物们在雪地里走过，踩下

的脚印就像是一幅美丽的图画，使学生了解小鸡、小鸭、小狗和小马四种动物脚趾的不同及青蛙冬眠的习性。在开课之初，我抓住学生喜欢小动物的心理，让他们自读诗歌，初步感知课文，再指导学生依据自己平时对这四种小动物的观察和回忆进行简单绘画。学生的学习兴趣一下子就被调动了起来，个个跃跃欲试。原来学语文是这么好"玩"的，并不总是读读写写。画好了，让学生拿出来互相交流，比一比，一张张童稚的小脸都绽放出开心的笑容。然后教师在简评绘图的同时导入新课："雪地里也来了一群小画家，它们都是谁？又画了些什么呢？我们能否将自己的作品与它们的比一比？"貌似简单的一席话，既激发了学生强烈的学习欲望，引起他们对文章重点的思考，又使学生自画的小动物为继续学习诗歌做好了铺垫。

二、学文中画——理解重点，攻克难点

儿童的阅读是一个从感性到理性，由具体到抽象，由低级向高级不断发展的认知过程。苏联大教育家苏霍姆林斯基说过："多年的经验使我得出结论，可以把所有的教学方法归为两类，一类是使学生初次感知知识和技能的方法；另一类是使知识得到进一步理解，发展和深化的方法。"学生绘画就是使知识得到进一步理解，发展和深化的方法。绘画时，是由语言文字转变为画面，学生必须对语言文字进行反复推敲、再三斟酌才下得了笔。因为语言、文字形象并不直接作用于人的感知，只有当人们了解了这种文字符号所代表的正确含义，才能感受和认知文章形象，将头脑中形成的一幅幅画面诉诸笔端。这就促使学生围绕一定的目标，反复阅读、揣摩，既将课文作为一个有机的整体去把握，又要逐字逐句逐段去理解它的准确含义。画完了，再引导学生进行正确与否的评价，这是由画面回归到语言。其检验核对的过程，就是再一次理解语言文字的过程。学生要想方设法使二者相对应，就必须对语言文字再进行细细的品味和咀嚼。在这一过程中，很明显地渗透了学生自觉主动理解语言文字的环节。比如，在教学《爬山虎的脚》这一课时，第三、第四自然段是全文的重点，要求学生了解爬山虎的脚的生长特点，以及脚是怎样爬墙的。以往的教学大多是让学生一字一句地读，然后用自己的话把课文语言"翻译"一遍，就算大功告成。这样做，学生就会如过眼云烟，合书即忘。我根据儿童形象思维强的特点，采用了如下教法：

师：爬山虎的脚有哪些特点呢？请你仔细阅读第三自然段，用笔画出描写爬山虎的脚的句子，读一读。

生：爬山虎的脚长在茎上……这就是爬山虎的脚。

师：（投影出示这段话）老师想检验一下你们有没有真正读懂这段话，请拿出准备好的纸，画一画爬山虎的脚。（学生堂上作画，并推选一名学生在黑板上画）

师：请同学们评价一下，黑板上的这幅画画得怎么样？

生：我认为他画得很好，画出了爬山虎的脚的样子。

生：我觉得他画的脚的位置不对。文中说爬山虎的脚长在"茎上长叶柄的地方"，并且是从"反面伸出"来的，而他画的脚没有从反面伸出来。

师：回答得很好，思考的角度也不错，老师就是要大家对照文中的句子来检验图的正确性。请大家再读句子，思考比较。

生：我发现他"脚"的样子也没画准确，书上说的是"枝状的六七根细丝，每根细丝像蜗牛的触角"，而他画得像一把扇子，不是枝状的。

生：我看画中脚的颜色也不对，明明说"细丝跟新叶子一样，也是嫩红的"，他却画成了嫩绿的。

师：这样的脚，给你什么样的感觉？

生：它充满了生机，我喜欢它。

师：下面就请大家带着喜爱的感情自由读这段话（指导朗读），并将你们画中不正确的地方纠正过来。

生：（以学习小组为单位，互相评议纠正。）

从这里，我们不难看出教师恰当地借助绘画、评画手段对学生进行语言文字训练，是提高其理解力的切实有效之选。同时，对学生而言，某些文章的重难点采用绘图法助解，既省时省力又印象深刻，实为一举"几"得。

三、学文后画——巩固课内，延伸课外

课外作业是课堂教学的延续，是课内知识的向外扩展，它有助于较深刻地理解教材，巩固知识、技能和技巧，也可使学生学到课本上没有的知识。学生为了绘画，都会去反复阅读比对课文，而当这幅画准确地出现在学生眼前时，证明他们已较顺利地领会了文章的思想内涵、形象用词和精妙构思，

从而对课文有了一个整体的把握，认知向更高层次发展，对语言文字的理解能力也得到进一步的巩固与提高。因为由文字符号转变成画面的过程，本身就是理解语言文字的过程，也是培养学生动脑、动手能力的过程。学生只有具备了敏锐的语感，才能准确地操作，按照语言文字描述的内容画出相应的图画。

例如，唐代诗人白居易的《暮江吟》文字凝练、通俗易懂，为读者展现了两幅各具特色的深秋风景画。第一、二行描写的是傍晚时的江面，夕阳斜照水面，江水瑰丽无比。这是一幅美丽平静的夕照图。第三、四行描写的是夜晚时的江畔，月牙弯弯，树叶和草丛中的露珠，在月光的映照下，像闪闪发光的珍珠。这是一幅美丽静谧的月夜图。学完后，教师可引导学生根据诗句，展开想象，以"夕照图"和"月夜图"为题画两幅彩色画，再现意境。诗美、画美、景美，学生必然会产生一种身临其境之感，情感之弦必然会被拨动。此时正是引导学生将诗人的语言内化为自己语言的好时机，最好的方法莫过于引导学生根据诗句和刚画的图进行再创作——

（1）如果此时你身处江畔，看到这一美丽的景象，会有怎样的感受呢？

（2）请根据诗和图，展开合理的想象，把看到的和想到的内容写成一篇写景的记叙文。

教无定法，在阅读教学中适当引进学生绘画教学，使学生亲自动脑、动口、动手参与学习过程，既避免了师讲生听、师板生看的单一局面，又让学生亲身体验到"劳动"的乐趣。人人动手，看着自己的"劳动成果"，与同学、老师互相交流、订正，是一种莫大的乐趣。同时，人人动手，使学生参与的面广了，语言文字训练的力度大了，难懂的课文变简单了，学习的热情自然也高涨了。沉闷乏味的课堂教学变得生动活泼，情意盎然。因此，借学生绘画来辅助教学，既符合少年儿童的年龄特征和心理特点，又改变了他们被动阅读的地位，促使其进入主动学习的境界，不失为教师引领学生走进新课程的一条捷径。

张开想象的翅膀

——创造性思维中想象能力的培养

小学语文教材中，有许多形象生动、感情丰富、语言优美的文学作品。怎样才能使学生进入文中所描述的生活世界、情感世界、审美世界呢？我认为，教师应积极借助教学中的各种媒体（如网络、多媒体课件、图片、音乐、语言等），让学生展开丰富的想象，引导他们入情入境，从而对语言文字有深刻的感悟和体验。

伟大的科学家爱因斯坦说过："想象力比知识更重要。因为知识是有限的，而想象概括着世界上的一切，推动着社会的进步，成为知识进化的源泉。"想象建立在对事物的观察和理解上，能提高、发散思维，并为创造提供基地。没有了想象，便谈不上创造。对小学生而言，他们天真烂漫，往往是在用想象去观察世界、认识世界。因此，小学阶段，是培养学生想象力的黄金时期，教师应抓住机会逐步渗透。

一、创设网络环境，唤起想象

进行想象，必须依靠实在的事物，不能凭空乱想。就语文教学而言，仅让学生理解语言文字的意思是不够的。教师要充分调动学生的各种感官（眼、耳、口、手等），就必须以网络媒体为中介，创造适当的情境，指导学生凭借语言文字开启想象的闸门，使文中所描绘的人、事、景、物一一浮现在眼前，产生真切的感受，进而感知课文的思想内涵，使其情感得到共鸣。

比如，在教学古诗《鹅》时，全诗只有短短的18个字，如何才能让学生去感受诗情画意般的美呢？我适时播放一首旋律轻松优美的乐曲，再以大屏幕展示一幅精美的网络画面：蓝蓝的天空飘着朵朵白云，春风轻轻吹拂着柳条，碧绿的湖面上，远远游来了一只大白鹅，它羽毛雪白，脚掌鲜红，拍拍翅膀，嘎、嘎、嘎地伸长脖子对着天空愉快地唱歌……在网络环境下，一只活灵活现的大白鹅进入了学生的视野。他们兴奋不已，有的自言自语地背起了古诗，有的要用五彩的画笔把它画下来，有的要亲自写首诗来赞美它，有的自己也想变成只鹅在水中畅游，还有的甚至情不自禁地模仿白鹅，用手贴着桌子做"拨"的动作。学生在想象中不知不觉地进入了诗人创设的情境。音乐渲染情境，语言描绘情境，生活展现情境，表演体会情境等均可。教师既能择其一而行之，又可将之综合运用，只要搭配得当，便能获得意想不到的效果，轻而易举地实现再造想象乃至创造性想象，激发学生求真、求善、求美的纯朴情感。

二、妙用网络技术，启迪想象

在语文教学中，教师可引导学生在品词理句的基础上精心设问，激发他们的想象热情，让他们乐想、爱想、敢想。可是，有的文章与学生的生活实际相差较远，时空距离拉得较大，他们往往感到困惑不已。教师可以巧妙地运用网络技术渲染、渗透，拉近文章、作者、写作背景与学生之间的距离，引导学生展开合理的想象，强化学生的内心体验，使之真切自然地进入语言文字所构筑的意境中，受到形象的感染，情意的熏陶。

在学《珍贵的教科书》这篇课文时，教师先让学生去收集一些有关解放战争的图片或文字资料，使学生对当年的艰苦条件有个总体的印象，再于文章结尾处巧妙发问："同学们，张指导员话没说完就英勇牺牲了。请你联系前文所学的内容，想想他没有说完的话会是什么。"学生纷纷举手发言：

"他说中国革命一定会胜利，人们一定会过上幸福的生活。"

"他说将来穷人的孩子也会坐在宽敞明亮的教室里有书读，再也不用做放牛娃了。"

"他说你们要好好学习，等将来学到了新本领，建设美丽的祖国。"

"他说将来咱们的祖国会变得越来越强大，再不会被其他人欺侮了。"

教师总结说："讲得好！同学们通过自己的想象，真正体会到了革命先辈的内心活动，虽然在战争年代，生活艰苦，枪炮无情，但他们对生活前景充满了希望，对革命充满了必胜的信心……"由此看出，教师切实可行的启迪，能拉近时代距离，正确引导学生走入人物的内心世界，深刻地理解句子含义，感受革命英雄的乐观情怀，更好地领悟全文的中心思想，起到画龙点睛的作用。

三、凭借网络优势，强化想象

小学生思维活跃，想象丰富，如地下泉水可喷涌而出，但有时又转瞬即逝。因此，需要教师对之进行点拨，指导他们运用图文等多种形式将内心所想表达出来。其实，这也是一个再创造的过程。只有这样，由抽象变为具体的事物才能在学生脑海中存留得更清晰、更长久。

现代社会信息技术的突飞猛进，使现代化的课堂教学也进入多元化时代。为此，教师应尊重学生独特的个性体验，充分借助网络优势，培养学生兴趣，将想象的事物用图、文等形式在留言板、学习平台上直接提交发表，为广大学生提供一个互相交流、展示自我的机会。比如，上文所提的《鹅》这一课，教师在完成教学后布置学生创作一幅与诗意有关的电脑画，还可写上自己的感受体会。于是，一只只生动活泼的大白鹅从学生的脑海中走到了荧屏上，这美的再创造不正融合了学生的无尽想象吗？

另外，教师还可紧扣教材设计想象性的练说和练写，鼓励学生借助想象在网上续写作者未写出来的东西，也可在留言板上发表与他人不同的看法或见解。比如，教了《狼和小羊》这课后，我指导学生续编故事，他们个个开动脑筋：

"狼向小羊扑去时，正好羊妈妈领着牛大哥及时赶到，把狼吓跑了。"

"狼向小羊扑去时，刚好有位猎人路过这里，他一枪把狼打死了。"

"狼向小羊扑去时，小羊向旁边一闪，狼正好掉进河里，淹死了。"

……

教师还可鼓励学生以已知的事实和道理为基础大胆想象，尽情创作，如《二十二世纪的我》《假如我是×××》等带有科幻性和假想性的命题，就能充分开拓学生的想象空间，发展思维。

现代信息技术使学生真实感受到语文学习其实也是一件趣味无穷的事。

小学生年龄小，思维活跃，对未来充满憧憬和向往。他们能以儿童的眼从一粒沙子、一朵野花中看出整个世界乃至宇宙。因此，教师应以信息技术为契机，充分借助现代网络的优势，把握时机，对学生进行想象能力的培养和渗透，使他们成为具备现代信息素养的时代新人。

第二辑　教学智慧　点滴成文

古诗教学不能为"教"而"教"

——低年段古诗文教学新解读

听过这样一句话："儿童学习语文的兴趣，源于语言魅力的召唤，而最具美感效应的语文，即是诗的语言。"小学语文教材中那些语言清新、情趣盎然的古诗是中国古代文化的宝贵遗产，是挖之不尽的美的宝藏。细细品味我们的汉语言文字，它们承载着中华民族数千年的古老文明，每当打开用汉字写的一本书，就好像进入了一个文化画廊。

诗歌教学的重点是让学生理解诗中的情，充分感受诗歌的语言美、形象美、意境美。追求语文的诗意，其目的在于使语文课堂在保持语文味的同时，变得更精彩、更丰富，使我们的孩子从认字开始就对自己祖国的语言文字产生美感，产生一种很愿意学好的期待，这就是追求诗意教学的意义所在。

什么是诗意？诗意就是依靠情感和想象来营造一种情调，一种文化的氛围，是作为主体的人对美学的一种追求的状态。课堂上的诗意追求是以尊重师生个体生命活动为本质，以培养情感意志为动力，以营造情与景的交融互渗为表现，达到一种"入情入境""体验妙悟""升华回味"的教学目的。

义务教育课程标准在课程目标中指出："诵读古代诗词，有意识地在积累、感悟和运用中，提高自己的欣赏品位和审美情趣。"古典诗歌是中国文化的瑰宝，一篇篇古典诗歌闪耀着情感的智慧和审美的光辉，对滋润学生心灵，陶冶学生情操有着不可替代的作用。可是，我们也遗憾地发现，古典诗文凝练简洁，含义深刻，意义隽永，对大多数处于6—9岁的小学低年段孩子来说，学起来无异于囫囵吞枣，食不知味。何况教师在教学的同时，更多关注的也只是让学生记住考试时需要记住的答案而已，能做到这一点，已是很好地完成了教学任务。诗词在教师和学生眼里，只是顺利完成考试任务的一个工具。我通过自己近两三年在小学低年段进行古诗文诗意教学的尝试，深刻感到只要教师肯动心思，诗意教学在低年段推行也并不遥远。

一、巧组结构，触摸诗心

诗文教学在语文课堂中占有不小的比重，但在平时的古诗文课堂中，绝大多数教师采用的是"应试"的教学方式，教师们无外乎是按照"知诗人—解诗题—明诗意—悟诗情"的教学思路展开教学。课堂上，不顾学生的生活体验，忽视古诗词的审美意境，一味追求应试的实用积累，缺乏审美体验和生命体验。这种古诗词教学"为教而教"，"为考而教"，渐渐失去了诗的韵味与美感，学生也渐渐失去了读诗诵诗的兴趣。虽然省时、高效，可是那份宝贵的诗意却消失殆尽。一首诗学完，留在学生脑海中的只是些单个字解释、诗句翻译、写作特色，而最重要的诗句本身却退到了最后，美丽的诗词成了应试教育的牺牲品。

为此，我在执教人教版小学语文第四册古诗两首中的《绝句》一文时，基于其浅显易学、清新明丽的特点，大胆改变了古诗文教学由教师牵引着学生，逐字逐句串讲诗意的传统做法。紧紧围绕"生活交流谈春天—板画展现感春天—词句品悟说春天—出示诗题明诗人—拓展升华诵春天"的主线，先引导学生自由背诵读过的有关春天的古诗，带出这堂课学习的主题；然后直奔中心，学习诗句，再了解诗人、诗题、诗歌的体裁等，最后诵读背诵。课堂上，以教师优美的解说、多层次的朗读，把学生带入一个美的境界，把古诗的理解贯穿其中。在这期间，没有生硬的问答，而是师生共同讨论，互相补充。在朗朗的读书声中，在学生自由发表意见的探讨中，学生走近诗人，感受到诗的意美、情美。这种设计，体现出对学生的尊重和信任，把学习的主动权交给了学生，使学生真正成了学习的主人，教师只是一个参与者、合作者、引领者。

二、妙用图画，展现诗意

美是形象之中的，也是最能引起大多数人共鸣的。大文豪别林斯基曾说："诗歌的本质就在这一点，给予无实体的概念以生动的感性的美丽形

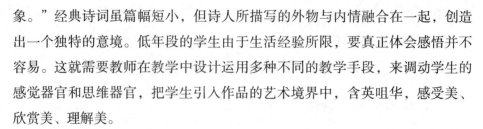

象。"经典诗词虽篇幅短小，但诗人所描写的外物与内情融合在一起，创造出一个独特的意境。低年段的学生由于生活经验所限，要真正体会感悟并不容易。这就需要教师在教学中设计运用多种不同的教学手段，来调动学生的感觉器官和思维器官，把学生引入作品的艺术境界中，含英咀华，感受美、欣赏美、理解美。

我觉得将课文插图和简笔画有机结合，不失为引导学生走近原作，展现诗意的一种简明实用方法。在教学《绝句》一诗时，我试将简笔画与插图有机结合，在教学中收到了意想不到的奇妙效果。如学习"两个黄鹂鸣翠柳，一行白鹭上青天"一句时，我一边娓娓述说："当春回大地时，小草发芽了，柳树吐绿了，天空变蓝了，太阳露出明媚的笑脸，小河欢快地向前奔跑，鸟儿在枝头叽叽喳喳地欢唱……"一边在黑板上相机板画：红红的太阳，绿绿的小草，嫩嫩的柳芽，蓝蓝的天空，哗哗向前奔流的小河，在柳树枝头迎着微风欢唱的黄鹂……一下子就将学生的注意力牢牢吸引，他们会情不自禁地说："哇，春天真美！"风情万种的春天在学生的眼里、心里留下了深深的烙印。又如学到"窗含西岭千秋雪，门泊东吴万里船"一句时，我轻轻述说："同学们，从你们的朗读中，老师仿佛看到可爱的黄鹂、活泼的白鹭像一只只精灵来到了教室。请翻开课本第78页，用你亮亮的眼睛仔细看看，在插图中你还发现哪些景物也很有趣呢？"我话音刚落，"唰"的一声，教室里的小手一下子举得高高的，七嘴八舌说开了——高高耸立的西岭雪山，停泊在门前的小船，静静欣赏景色的诗人……甚至有一个学生还说出了诗人杜甫住的是草房子，我一听马上相机介绍诗人创作此诗时的简单背景：时逢战乱，诗人居住在成都浣花溪畔的草堂里忧国忧民，心系时局，思接千载，视通万里。诗人与写作背景自然而然地流淌到了学生的心里，学生马上明白了为什么会"门泊东吴万里船"。

三、品悟词句，解读诗意

诗歌教学的重点不是让学生能串讲古诗的诗意，而是让学生去理解诗中的情，充分感受诗歌的语言美、形象美、意境美。教师在教学中鼓励学生从古诗中发现美，不局限于教学生读音、释词、解句。古诗浅显易懂，寓意深刻，情调健康，意境开阔，形象鲜明，脍炙人口。这其中都有极其丰富的美的因素，教师要引导审美的主体——学生，提高眼力有所发现。

一方面，我紧扣诗中的重点字词"鸣、上、窗含、门泊"，帮助学生理解诗意，体会诗境；引导学生咬文嚼字，认真推敲，体会诗人炼字遣词的技巧。另一方面，采用读的方法，让学生在读的过程中加深理解，产生美感。只有让学生在读了诗的大意后，才能带领他们深入挖掘，细细品味，引入美的情境，使其在感知美的表象的过程中受到美的熏陶与感染。

经典的古诗往往是"诗中有画，画中有诗"。教学中，我从形象性切入，充分引导学生注意诗中由色彩、线条构成的隽永画面。后两句"千秋雪"和"万里船"从时间和空间上写景，极富诗情画意。这些都能使学生通过画面形象去获得美的享受。与此同时，我还以读为本，把读和理解、读与想象等有机结合，并不断提高读的要求，让学生边读边思考、学习理解地读、投入感情地读、自由读、指名读、齐读，直至会背诵，使学生在读中感受诗词的想象力，领悟到祖国语言文字的凝练精妙。

四、想象留白，延续诗意

学完诗句后，我告诉学生"其实，人间处处有春天，美丽的春景何止一处"。出示另一首《绝句》及咏春佳句，请学生边听边想，再全班交流一下自己心中的春天。学生都踊跃发言，精彩纷呈——

一个平时不太爱说话的男孩子说："我心中的春天是彩色的。花儿红红的，草儿绿绿的，一只只燕子从南方飞回来。我还会一些春天的四字词，比如：春回大地、鸟语花香、柳绿花红、冰雪融化……我心中的春天多美啊！"

小班长吴泳蓝联想到了春游："我心中的春天是快乐的！尤其是春游那天。我和同学一起去玩海盗船，太刺激啦！从高到下的时候，我只觉得肚子很痒，但是同学陈炜琳他们就会啊啊叫，缩成一团。这时，我觉得自己非常勇敢。这次春游真有趣！"

一个文静的小男孩吴梓航大胆举手说："春天到了，一片勃勃生机。阳光照着美丽的大地，白鹭一行一行地飞上了蓝蓝又美丽的天空。小草从地下钻了出来，绿绿的大地多美啊！花儿的头上有蝴蝶和蜜蜂正在玩，好高兴呢！小鱼在水中快活地游来游去，蛇又从石头里钻出来，很多的小动物都在游玩，春天真好啊！"

另一个机灵活泼的万里骏想法则与众不同，他说："我的春天是这样的——春天到了，花开了，我去大夫山摘朵小花送给妈妈，还背了一首古诗《游园不值》送给妈妈。这就是我的春天，谢谢！"

心地善良的小女孩梁嘉晴告诉大家："我心中的春天非常快乐。因为春天的鲜花美丽极了，所以我想象一朵朵美丽的鲜花都是好朋友。春风一吹，鲜花摇啊摇，好像它们在手拉手歌唱，快乐极了。"

虎头虎脑的男孩子梁越的想法又独树一帜："我心中的春天是温暖的，到处百花齐放，百鸟争鸣……我想在春天的时候去爬山，在山上尽情地玩，在那里建立一个我自己的王国，那才叫真正的美啊！"

课后，我还让学生寻找交流有关春天的古诗文，利用周末和父母到大自然中去踏青感受春景，启发学生互相交流查阅资料的收获，这不但开阔了学生的视野，使他们增长了知识，更重要的是培养了学生搜集信息、处理信息的能力，对学生的终生学习大有裨益。它打破了课内课外的界限，开阔了学生课外阅读的视野，这正是实现素质教育的终极需要。

让诗意在课堂流淌，是每一位语文教师的憧憬，当每一位语文教师自己先爱上那些美丽的诗词时，当他们努力锻铸自己的诗心时，他们就能像著名的特级教师、诗意语文的倡导者王崧舟老师所说的那样"让学生诗意地栖居在课堂上"，到那时，素质教育的春天就不再远了。

第二学段习作起步教学的现状透视与反思

为了降低小学阶段的写作难度，《语文课程标准》在阶段目标中把第一学段（小学1—2年级）称为写话，第二、三学段（小学3—6年级）称为习作。我认为，第二学段的习作在小学阶段显得尤为重要，它是学生在习作上的起步，是学生如何轻松迈进作文门槛的关键。综观新课程下的第二学段习作教学设计，也就是我们所说的中年段，存在不同程度的缺失现象，我在本文中对缺失现象进行了透视与反思。

一、第二学段习作教学的现状透视

1. 教材习作目标的缺失

《语文课程标准》积极倡导"我手写我心"的作文理念，第二学段习作教学更是提出应重视培养学生的习作兴趣，学生习作可以完全不受文体束缚，也不受篇章束缚，重在自由表达，有人概括为"想写什么就写什么，想怎么写就怎么写"。这样的自主习作，的确是保护了学生习作的积极性、自信心，但带来的结果是教师只重情感态度、价值观目标，却忽视了知识能力、过程方法目标，使广大教师在教学中往往把握不准年段要求。且看三年级上册8个园地中的习作与口语交际范畴：

园地	习作内容	习作要求（部分）	口语交际	备注
1	我的课余生活	可以写课余参加的活动，发生的趣事、高兴事，或者你愿意写的其他事。（例3要求）	我们的课余生活（综合性学习）	说写合一
2	记一个熟悉的人	想一想打算写谁，写他的哪件事，把这件事想清楚，再动笔写。读给你写的那个人听，请他评评写得怎么样。（例4要求）	讲名人故事	说写分开

园地	习作内容	习作要求（部分）	口语交际	备注
3	秋天的画	注意用上平时积累的词句。写好后读给同桌听，根据他的意见认真改一改。	秋天的快乐	说写分开
4	一则观察日记	最感兴趣，最想写的。	观察中的发现	说写合一
5	生活中的传统文化	看、听到了许多，哪些是你最想告诉大家的。写完后交流，选出好的装订成一本习作集。	生活中的传统文化（综合性学习）	说写合一
6	我去过的地方	写出这个地方怎么吸引人，使别人读了也对这个地方感兴趣，或写想去的地方。（例5要求）	风景优美的地方	说写合一
7	编个童话故事	任选几种动物作为主人公，编一个故事。先想象一下它们之间可能会发生什么事，然后写下来。	动脑筋解决问题	说写分开
8	自由写作	先想一想自己最想告诉别人什么。写的时候，要把想表达的意思写清楚。写完后，把不满意的地方改一改。建议整理本学期习作，保存好。（例10要求）	夸夸我的同学	说写分开

　　教材中的习作多以开放的内容呈现。再来看一看对习作《我的课余生活》要求的描述：在口语交际课里，我们交流了各自的课余生活，这次习作就来写一写自己的课余生活。可以写课余参加的活动，可以写课余发生的有趣的事、高兴的事，或者愿意写的其他事。写好以后读给爸爸妈妈听，让他们和我们分享习作的快乐。一句"或者愿意写的其他事"把习作的范围打开，只要是写事均可，那何须"我的课余生活"这一主题呢？包括三年级上册的《自由写作》《生活中的传统文化》亦是如此。把三年级下册的习作内容列表如下，以便比对：

园地	习作内容	习作要求（部分）	口语交际	备注
1	介绍家乡的景物	抓住景物的特点，按一定的顺序介绍家乡的景物或者其他你感兴趣的景物；学习他人长处，展开丰富想象。	介绍家乡景物	说写合一
2	关于保护环境	围绕"保护环境"选择一事或一人或一物有条理地写成一篇短文。写完后多读几遍，修改自己不满意的地方。	我们能做点什么（综合性学习）	说写合一

园地	习作内容	习作要求（部分）	口语交际	备注
3	自我介绍	展示一个真实的你。写完再加上题目。听听他人意见，认真改一改。（例2要求）	说说我自己	说写合一
4	学本领的趣事和体会	要把由不会到会的过程写具体，表达出自己的真情实感。	教你学一招	说写合一
5	父母的爱	用一两件事，写写父母对自己的爱，要表达真情实感。读给父母听，请他们提提意见，再认真改一改。（例4要求）	谈谈爸爸妈妈对我的爱（综合性学习）	说写合一
6	未来的……	选最感兴趣的一样写。写完后多读几遍，修改自己不满意的地方。	我想发明的机器人	说写合一
7	自由习作	写最想写的内容。注意把内容写具体，句子写通顺。	丰富多彩的世界	说写分开
8	假如我会变	编一个故事。读给爸爸妈妈听，根据他们的意见认真改一改。（例5要求）	神话、传说故事会	说写合一

实验教科书十分重视习作后的交流、展示，编排中多处提到"写好以后读给爸爸妈妈听，让他们和我们分享习作的快乐""把习作和图画贴在教室里，让大家欣赏""写完后，可以读给你写的那个人听听""读给同学听""读给大家听"，其目的在于引导学生逐步认识到习作是一种交际的工具，是生活的需要，它不是应付教师的任务。与此同时，习作交流中所产生的成就感，也将极大地鼓舞学生习作的兴趣和自信。教师要提供给学生交流、展示的舞台，让他们享受交流、展示的乐趣。教师可以多创造一些机会，让学生通过小组活动，开展观察、调查，共同探究，在合作中进行习作。这一环节的设计让写作变得更有趣味，更加强调并突出了语言的交际性、实用性，而不仅仅是给出一个评价分数。但这一环节在教学中往往易被广大教师忽视或淡化，变得形同虚设。

一线执教教师面对这样的教材编排无所适从，担忧多多：三、四年级是否有习作的要求？评价习作的标准又是什么？这样无的放矢的习作教学能让学生的作文水平有所提升吗？同一个题材在不同学期屡屡出现，它的递升目标的着眼点在哪里？通过训练，学生习作水平的增量目标又是什么？我试以写景文为例一探，写景文在第二学段先后出现了4次，它分布于4个学期的不

同时段，结合人教版语文教材、教师教学用书整理如下：

学段	习作训练
三年级上册	语文园地六：抓住景物特点，写一处风景优美的地方。
三年级下册	语文园地一：抓住景物的特点，按一定顺序介绍家乡的景物或者其他你感兴趣的景物，展开丰富想象，字里行间表达热爱家乡的思想感情。
四年级上册	语文园地一：按一定的顺序介绍一处自然奇观。
四年级下册	语文园地一：按一定的顺序写写校园的景物或别处的景物；或发生在校园内难忘的事，注意内容具体，语句通顺。

题材的雷同，目标分层的模糊，又一次虚化了第二学段习作教学的目标。年复一年的题材呈现，又如写人题材仅三年级一年就出现了3次：分别是《写一个熟悉的人》《展示一个真实的你》《父母的爱》，在数量上多给了学生练笔机会，但该如何进行质的提高呢？每次习作要求该如何设定才会各有侧重呢？这是每一位执教者都要考虑的，否则教学目标就会被虚化。

2. 教师习作指导的缺失

新课标语文教材多以人文专题为单元，故而出现的习作类型繁多。我们且来看看三年级上册教材，学生习作才刚起步，一个学期里习作类型就已涉及写人、记事、写景，写实文与想象文并重，题材、体裁的宽泛，造成了教师教学设计的泛化，往往就是课上教师念念范文，就题论题地指导写作，这样就使会写的学生总能写好，写作有困难的学生总是写不好，他们似乎没办法享受这份"想写什么就写什么，想怎么写就怎么写"所带来的自由、愉悦，学生习作出现了明显的两极分化。久而久之，学生们的习作也就成了教师思想与范文模式的翻版，这种流于形式的指导也无法切实提高学生的作文水平。教材的局限带给了课堂几多空白，习作指导课也因此显得苍白无力。

3. 学生习作情感的缺失

新课标对学生写作提出了明确的要求："写作要感情真挚，力求表达自己对自然、社会、人生的独特感受和真切体验。"而在学生的习作中常发生这样的情况：内容空泛，套话连篇，瞎编乱造。写作文似乎变成了一种搜肠刮肚、绞尽脑汁的苦差事，难道学生缺乏写作素材，缺乏生活体验？其实不然，社会、家庭、学校生活是丰富多彩的，且小学生思想活跃，兴趣各异，自有他们的小天地，但第二学段的学生年纪尚小，知识浅薄，对事物缺乏敏锐的洞察力，认识上必然存在一定的局限性；另外，教师在习作指导中往往总是喜欢给学生许多条条框框，喜欢用成人的思想、观念来苛求学生，框住他们的思绪，左右他们的情感，为了完成教师的任务，他们无视自己内心独特的情感体验和真切的情感世界，把自己真实的个性感悟隐藏起来，不敢真实地表达，只好用假话、套话、大话来应付了事，如此怎会有什么真情实感。

4. 习作评价功能的缺失

语文老师都知道，批改作文是语文教学工作中的第一座大山。一般情况下，一篇习作教学总是要经历这么一个"轮回"：指导—堂上习作—讲评—誊抄，不管你用整堂课还是其他零星时间，一次习作至少要花去教师3—4个课时，还不算教师的批改时间累计，因此一篇习作的草稿就要在教师手中逗留两三天，那么这沉重的劳动换来的效果又如何呢？回答是不怎么样。滞后的反馈让学生无法体验成功的喜悦，同时，教师的精批细改也未必能内化为学生自己的语言，面对教师"辛辛苦苦"改出来的成果，学生往往是瞄几眼分数就收进了书包。长此以往，学生会渐渐失去写作的热情。再加上教材目标的虚化，更让一线教师难以评判学生的习作水平是否达标。

二、第二学段习作教学的反思

第二学段的习作教学策略我将另文记述，这里重点谈谈基于评价角度的反思，以及一些相应建议要改变的观点。

《义务教育语文课程标准》对第二学段（3—4年级）的习作要求是：①留心周围事物，乐于书面表达，增强习作信心。②能不拘形式地写下见闻、感受和想象。注意表达自己觉得新奇有趣的或印象最深、最感动的内容。③愿意将自己的习作读给人听，与他人分享习作的快乐。④能用简短的书信便条进行书面交际。⑤尝试在习作中运用平时积累的语言材料，特别是有新鲜感的词句。⑥根据表达的需要，使用冒号、引号。⑦学习修改习作中有明显错误的词句。⑧课内习作每学年16次左右。（注意：这里面并没有规定字数，也没有规定"内容具体"，但这是四年级末的目标，高段习作要求不少于

400字。）

故此，传统的习作教学指导，教师重课堂内的习作指导，轻习作后的评改。指导课上，教师一般先指导学生审题，接着明确习作要求，然后出示范文，学生习作开始。殊不知，这一固定的模式给学生习作加上了一道又一道枷锁，禁锢了学生的思维，使文章千篇一律。我认为，习作教学应拓宽"指导"的时空，向"两头延伸"：一是从习作中的指导向习作前的积累指导延伸，二是从习作中的指导向习作后的评改指导延伸。

1. 科学评价：让作文真正"活起来"

一篇题为《怀想天空》的高考作文，极为朴实地记叙了父亲割麦、自己割麦的情景。它真实、本色、真情、纯净，一板一眼地道来，汹涌的内心波涛潜伏其间。父亲的言语极少，但厚实、博大；儿子的情感表述很普通，但均发自肺腑……前三位教师分别给了36分、42分（基本分）、39分。江苏省高考语文阅卷组组长何永康教授终审时读了3遍，终于下决心给了54分。他说，"推荐它是一种导向"，希望阅卷者和中学语文教师能包容并鼓励这份"来自现实生活的质朴"。

无独有偶，我读到过一篇题为《妈妈回来了》的小学生作文，文章内容如下：

"前段时间，妈妈去杭州学习了，去了很长时间，可能1个月吧。今天，妈妈终于从杭州回来了，我非常高兴！妈妈的怀抱很温暖，因为妈妈回来了，爸爸的生日就能过得更好，因为妈妈在家里会给我读书……妈妈不在家的时候，我很想她，想妈妈的感觉，是一种想哭的感觉。"

读到这样的小短文，身为语文教师的你，会给出多少评价分呢？60分？70分？至多不会超过80分吧。说来令人难以置信，这篇仅107字的短文，最终荣获首届冰心作文奖小学组一等奖。该文为浙江省诸暨市三年级小学生郦思哲所写，在海内外5万多篇作品中脱颖而出，其以纯真的感情和宝贵的童趣，打动了评委。

三年级孩子的真实写作水平到底是怎样的呢？我和大家分享两篇我儿子刚读三年级时写的小短文——

呀，发银卡了！

Yes，学校今天终于发银卡了！

在老师读名字之前，我心想："快！快！快！我都迫不及待了。"

呀，最重要的时刻到了。老师开始宣读获奖同学的名字，其中9人获得银卡，8人获得铜卡，还有10人获得绿卡。有一些同学已经心满意足，而有一些同学却唉声叹气。嘻嘻，那至于我嘛，当然是获得了这次级别最高的银卡啊！这时，只要一想到我拿了银卡，就会被快乐、开心，还有高兴把我的心填得满满的。

我希望快点放学，因为我还要当上一回小小邮递员，回家给爸爸妈妈报喜哦！

点评：多读书，读好书，对孩子而言是一件快乐的事。因读书认真而受到学校的表彰，更让孩子喜上眉梢。本文小作者细致、生动地刻画了学校颁发读书卡的幸福瞬间，以充满童真、稚趣的语言，让内心的期待、激动在这一刻留下永恒的回忆。

小小硬币的故事

寒假一到，学校就布置了"看变化，寻根源，讲故事"的假期实践活动。到底做什么好呢？我在家里想啊想啊，终于想到了，就写写硬币的变化吧！

因为我发现在妈妈的钱罐里，躺着一枚枚圆圆的、扁扁的，全身闪着银光的"小宝贝"哦！那些硬币有一分、二分、五分，也有一角、二角、五角……其中一分钱、二分钱的那些我们现在已经很少用了。

听妈妈说，她小时候的一分钱可宝贵了。它看起来虽然小，但是作用可大着哩！那时候一分钱可以买一个鸡蛋饼，二分钱可以买一支冰棒，五分钱可以买一根奶油冰棒。可是，因为家里穷，妈妈和娟姨、小姨吃零食的机会很少。不像现在，生活条件好了，我想吃什么、玩什么，爸爸妈妈都会买给我。

我真幸福！

> **点评**：简短的段落，稚嫩的语言，包含的却是穿越时代的幸福感。小小硬币能反映出时代生活的变化，很佩服小作者对生活的细心观察和领悟。

孩子幼稚不可怕，孩子"低水平"也不可怕，可怕的是孩子"失真"！从小就学会生编硬造，弄虚作假。唯有科学评价，引领孩子求真求实，才能让学生摘掉面具，走进自然，走进生活，体会写作的乐趣并写出具有真情实感的文章；唯有科学评价，才能让学生老老实实做人，形成正确的人生观、价值观和世界观！作为一名小学语文教师，我诚挚地希望——教师们把"真"放在文章评价的首位，使"求真"成为作文教学的真正导向。

2. 切合实际：适当"放低"评价标准的身段

在对习作的欣赏和评价中，我们要充分摘下成人的有色眼镜，如一味追求语句通顺，内容具体，详略得当等，要放低身段，认认真真考虑8—10岁孩子的年龄特点和写作实际水平去提要求。比如，我曾在人教网上读到一位处于焦虑、煎熬中的家长发表的一篇帖子，大意如下：

> **这样的三年级作文我该如何去提高她的作文水平？**
>
> **自动调节温度的衣服**
>
> 再过二十年就有自动调节温度的衣服了，它可以调温度。比如，早上和晚上非常冷，自动调节温度的衣服变得热热的，会让你感觉到暖和。
>
> 中午，天气又热起来了，自动调节的衣服就变得凉快、清爽，会让你感觉到凉爽。再过二十年，通过我的努力，我一定可以制造出自动调节温度的衣服。
>
> 我只要好好学习，就可以做出调节温度的衣服，我相信我一定行。
>
> 版主评论：三年级作文应该切实降低要求、真正起好步。

这是一篇还不错的作文！我觉得做到了：

1.有内容。不拘形式地说清楚了自己想象中的自动调节温度的衣服是怎么调节温度的，而且肯定地说"我一定能做出这样的衣服"。

2.语句基本通顺。基本没有学生才开始学写作文时出现的前言不搭后语、使用不当的口语词等语病。当然，有些词语使用不当，有重复的句子，这都是三年级学生经常出现的问题，而且不是一下就能完全改正的。多学习使用"口治"的办法逐步可以解决。就是读一读自己的作文，找出有毛病的句子，把作文改得好一些。

网友：谢谢你的评价。让我看到了点希望。老师们说字数少，且不通顺，三年级下学期还这样？让我对她的作文没信心。我不知如何是好，没招！看看别人的作文都写得具体，篇幅也长，我以为我丫头的表达能力真是差。

版主：你希望降低要求，培养孩子们的写作兴趣，大家都会认同。可现实是这样的文章在作文考试中只能名列三等文（优、良、合格）！有时候我们也真不知道该怎么办！

这正是现今作文教学的悲哀！领导和教师给自己戴上了一副沉重的枷锁。撇开课标和课本要求，不管学生的实际，人为地提高作文要求，结果是欲速则不达，给自己找麻烦。

作文除重教"写"，还要重教"修改"，这是学生作文水平提高的关键。在引导学生进行习作修改时，教师要把握好中年级习作修改的重点——"学习修改习作中有明显错误的词句"。这主要是指明显与事实不符或表达不清楚的语句。比如，有这样一个习作片段：

"下课了，同学们来到操场上，玩起了老鹰捉小鸡的游戏。一个同学当老鹰，一个同学当鸡妈妈，其他同学当小鸡。小鸡们都抱着鸡妈妈的腰，大家玩得可开心了。"

像这样的习作应不应该修改呢？很显然，不是所有的"小鸡"都抱着"鸡妈妈"的腰，这就是属于与事实不符的情况，必须加以修改。对于那些典型的用词不当的地方，语句不完整、不通顺的地方也一定要修改，而对于那些成人觉得不够妥当，但体现童心、童趣、童语的地方，又该如何看待呢？斯霞老师曾给我们举过这样的例子：

> （1）昨天，有个法国阿姨，到我们学校来参观，法国阿姨是女的，我们请她坐小汽车。
>
> （2）向日葵一天天地长大了，有的比老师还高，有的比同学还高。
>
> 关于例（1），斯霞老师这样说：孩子唯恐别人不知道阿姨是女的，就写上了那么一句，这正是孩子的特点。因为在儿童时期，他们对阿姨等词的意义还不完全理解，只要他们不说"法国阿姨是男的"，我觉得没有什么关系。
>
> 关于例（2），斯霞老师这样说：孩子有长度的观念，可是不知道怎样来表达。在生活中他知道老师比同学高，就把高的向日葵和老师做比较，矮的向日葵和同学做比较，成人绝不会这样做比较。但出于孩子的思维，是可以保留的。

作为一代语文大师，斯霞老师的做法对我们当前的习作教学依然很有启发。为师者要学会用儿童的眼光来看待儿童的习作，不要用成人的要求来规范学生的思维和语言表达。习作修改，要主张多留少删，多就少改；习作评价，要主张多表扬少批评，这对提高学生习作的积极性是大有裨益的。

佛学把这个世界叫作"婆娑世界"，翻译成中文就是能忍受许多缺憾的世界。人的世界本来就有诸多缺憾，不完美才是完美，太完美了就是缺陷。在教学中，只有对孩童多一点包容才能成就其真实而幸福的成长。

有人说，完美是另一种意义上的缺陷，过于完美的人生，恰恰是有缺陷的人生。一幅画得太满没有留白的画，不能给人以想象的空间；一片蓝得没有一丝白云的天空，不能给人以云舒云卷的心灵悠然……

总之，课程时代背景下的习作教学值得我们每一位语文教师反思、践行，让我们努力为孩子们创造一个习作教学的春天吧。

给孩子一双习作的"慧眼"

——引领第二学段习作教学的有效策略

写作是一项技能，是现代人生存和发展的必需。写作更是一种精神的颐养，它可以拓展生命的疆域，延伸灵魂的轨迹。为降低小学阶段的写作难度，《语文课程标准》及《广州市义务教育阶段学科学业质量评价标准（语文）》（简称《评价标准》，下同）在阶段目标中均把第一学段（小学1—2年级）称为写话，第二学段（小学3—4年级）、第三学段（小学5—6年级）统称为习作。

三年级是孩子学写作文的起始阶段，但在实际教学中，一提习作，教师头疼，学生叫苦，家长烦恼。有的教师甚至放言"语文基础还可以靠抄抄写写记一记、补一补，但作文真是没法教，要靠学生自己的悟性"。其实，作文是可以教的，究其原因，无非教师指导不得法，孩子觉得无话可说，无事可写。提起习作，首先教师就要树立起习作教学的信心，要让学生真正学会"我口说我心，我手写我情"。作为教师、家长，一方面要重视学生习作兴趣的培养，另一方面更要重视学生语言的积累，重视为学生创设适宜的习作情境，尤其是学困生，更要帮助他们降低习作的难度，激发其习作的兴趣，进而提高其习作质量。有鉴于此，我在长期的教学实践中，通过不断的摸索尝试，提炼归纳出一些实践性、可操作性强的习作教学策略，与广大一线教师交流探讨，以便更多一线教师在自己的日常教学中多尝试、多探索，共同开创习作教学的春天。

第二辑 教学智慧 点滴成文

一、以说"带"写——降低习作难度

1. 在游戏中渗透说写

游戏是孩子的最爱。当孩子觉得无话可说，无事可写时，家长或老师可以多设计一些简单的趣味游戏让学生参与，增强其直观感受。三年级习作评价标准中在水平要求第二点指出——"能不拘形式地写下见闻、感受和想象，注意表达自己觉得新奇有趣的或印象最深、最受感动的内容"，因此在课堂上，教师可根据学生的学习程度，提供一个词，或简短的一句话，让他玩"词句锦上添花"的游戏。开始，学生充其量只是进行词语造句，句子扩充。但经过一段时间的训练，学生能把一句简单的话经过"添花"，说成一段优美的文字。如"小鸟在飞"，变成了"清晨，一群可爱又机灵的小鸟，在蓝蓝的天空中自由自在地飞。它们时而飞得高，时而飞得低，时而叽叽喳喳地鸣叫，时而与伙伴们嬉戏，玩得可高兴了"。学生会说才会写，而让学生写，则必须让学生有话可写，这就是一个习作情境的创设。

2. 借助文本进行说写

学生的学习是借助文本进行的，作为教师要学会教"活"文本。在教学过程中，我经常利用文本组织学生写话，使学生养成"留心身边的人或事物，乐于把自己感兴趣的内容以日记的形式记录下来"的好习惯（见《评价标准》第99页，三年级习作评价标准水平要求第一点）。如学完杜甫的古诗《绝句》，时值万物复苏的春季，与诗中情境非常吻合。我设置了一个练笔小日记，请孩子说一说、写一写、记一记"我心中的春天"。学生写的内容可谓五花八门，梁越写道："我心中的春天是温暖的，到处百花盛开，百鸟争鸣……我想在春天的时候去爬山，在山上尽情地玩，在那里建立一个我自己的王国，那才叫真正的美啊！"吴泳蓝则写道："我心中的春天是快乐的！尤其是春游那天。我和同学一起去玩海盗船，太刺激啦！从高到下的时候，我只觉得肚子很痒，但有的同学吓得啊啊叫，缩成一团。这时，我觉得自己非常勇敢。这次春游真有趣！"从孩子朴实的话语中，我们看到学生不但从文本中感悟了春的美和快乐，并且能用自己稚嫩的话语表达对春的喜爱。

3. "连词成文"训练说写

教师在教学中让学生积累了许多美词佳句，其目的就是让学生学会运用，使学生"能把平时课文学习、课外阅读和生活中积累的优美词句或一些表达方法运用到习作中"（见《评价标准》第117页，三年级习作评价标准第四点）。如学完了一组描写秋天的课文，可以先组织学生进行梳理，将学过的近30个描写秋天美景的词语积累起来，然后选择其中四五个词语写一段话，描写自己看到的秋景。学生通过练习，大部分能够很自然地把积累的词语运用到自己的语段中，并能用通顺的文字描述秋天。

学生会不会习作，关键在于教师是否为学生创设了写话的机会，是否为学生创设了真情流露的平台，如果教师经常为学生提供动笔的机会，那他们的作文水平自然就"水涨船高"了。

二、巧用仿写——抓牢习作拐杖

对孩子来说，一到这个世界，牙牙学语，蹒跚学步，无不以模仿为基础。正是这种模仿，为其日后个性思维的形成打下坚实的基础。作文也如此，模仿是写作的基础，对初学写作的孩子尤为重要。教师不要怕学生模仿，而是要教会学生模仿，即在模仿的基础上提高、发展、再创造。

新课标的文章大多文质兼美，是学生练习写话难得的素材和范文。对小学生而言，写作表达应该经过仿写的过程，要"有文可依""有章可循"。同时，孩子对课文的内容、人物、事件既熟悉又有自己的个性体验。另外，随着大量的阅读，学生积累的好词佳句越来越多，让其模仿课文写几句或一段话，应该不是难事。在教学中，我经常根据教材，灵活选择读写结合点，巧妙借助仿写，让学生明确读和写的联系，促其实现由读到写的迁移，从而充分激发学生的写话兴趣，降低写作难度，使作文轻松起步。

1. 新词语、新句式仿写

在学习中，孩子经常会碰到新的词语、句式，除了理解其含义还要学会迁移运用。如《丑小鸭》一文，出现了"雪白的羽毛""漂亮的影子"等词语，可以让孩子按此构成方式动笔写一写。"美丽的校园""火红的太阳""茂密的树林""宁静的山村"热闹的街市"等词语从孩子心底汩汩流出。同时，在教学中，教师要时刻鼓励学生"在合理的基础上大胆想象"。《盘古开天地》一文中有这样的句式：他的肌肤，变成了辽阔的大地；他的血液，变成了奔流不息的江河。教师可以引导学生开拓思维，拓展并仿写：

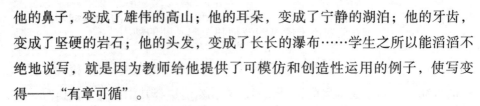
他的鼻子，变成了雄伟的高山；他的耳朵，变成了宁静的湖泊；他的牙齿，变成了坚硬的岩石；他的头发，变成了长长的瀑布……学生之所以能滔滔不绝地说写，就是因为教师给他提供了可模仿和创造性运用的例子，使写变得——"有章可循"。

2. 独特的描写和表达方式仿写

第二学段的课文为学生提供了非常丰富的习作范例，如《翠鸟》《灰雀》两篇课文里都有对鸟外形特点的传神描写，可以指导学生模仿这种写法：仔细观察一种鸟，学写鸟的外形特点；《孔子拜师》《蜜蜂》《难忘的泼水节》等文有描写人物外貌、神态的片段，可以指导学生留意人物特征，写一写自己熟悉的人；《小摄影师》《爬天都峰》等文人物对话写得很好，可以指导学生练写人物对话；经典篇章《荷花》一文中，"有的才……有的还是花骨朵儿……有的全……"是一个重点句型，可以据此指导学生仿写广州市内处处可见的英雄树——木棉。

3. 段落或篇章结构仿写

中年级作文训练以写片段为起点，教师应有计划地安排学生循序渐进地练习，在教学中突出"段的训练"这一重点，侧重练好连续、并列、总分和概括与具体四种结构段，并强调学生除了"培养留心周围事物的意识"，还要"学习按一定顺序细心观察周围事物"，"按照一定的顺序，抓住特点写清楚"（见《评价标准》第139页，四年级习作评价标准第一、二点）。如学习完《赵州桥》第三自然段，教师告诉学生第一句就像小队长，领着后面的句子，先写总的印象，再分述各不相同的优美姿态。写作时，也可以学着一段话围绕一个意思来写。课后，教师请学生用"清晨，公园里人真多啊"为开头，写一段话，注意点面结合。有学生这样写："清晨，公园里人真多啊！有的在轻松地跑步，有的在兴高采烈地聊天，还有的在全神贯注地打太极。瞧，那儿有几个叔叔阿姨正在踢毽子呢。毽子在他们脚下上下翻飞，好像跳着欢快的舞蹈。"教师立足课文的同时，还可以引领学生关注一些课外的经典范文。如在三年级配套教辅《同步训练》中，有一篇精美的短文——《美丽的小院》，按东南西北四个方位描写了小院的美丽与盎然生机，对于学生学习按方位介绍一处景物启发很大，学生纷纷仿照这种写法描写校园的植物园、升旗台、小花圃等。有个学生也仿写了一篇《外婆家的小院》，还被发表在《番禺日报》上，初试身手所写的小小"豆腐块"发表在家乡的报纸上，这给了初习写作的孩子极大的鼓励和源源不断的动力。

朱熹说："古人作文作诗，多是模仿前人而作之。盖学之既久，自然纯熟。"可见，古人也把模仿作为初学诗文的方法，先"依样画葫芦"，然后逐步"师其神，不师其貌"，最终实现由模仿走向创造。古人作诗尚且如此，对于刚学写作的中低年段学生，更要从模仿起步，给他们一根有力的拐杖，支持其在写作路途上不断向前探索。

三、细化观察与想象——舞动为习作添彩的"魔棒"

平时，我们经常能听到孩子在作文时说："唉，都没什么特别的事情好写。"其实，现实生活中的花鸟虫鱼、山川草木、人事风物，无一不是作文的素材，孩子们真正苦的不是无事可写，而是缺乏一双发现的"慧眼"。在《评价标准》中，无论哪个时段，均将"留心周围事物"放在习作评价标准的第一点，其重要性可见非同一般。

观察是儿童认识世界的重要途径，是小学生写好作文的基础和前提之一。培养学生的观察能力，引导并教会学生观察，对提高小学生的作文水平有着决定性的意义。

例如，我曾带学生去观察校园里的紫薇花、月季花、三角梅，学生看了老半天，就只有"美丽""好看""鲜艳"几个词语，能说出"五颜六色""五彩缤纷""芬芳迷人"的已经是表达较好的学生。如果这时再不加以指导，学生虽然实际上看了，但所"获"并不多。于是，我适时提醒学生，让他们仔细观察一下花瓣，找找花瓣、花朵的各种形态；接着又提醒学生闻一闻，感受泥土、树叶、花朵的清香；然后再让学生轻轻摸一摸，感受花叶、花瓣的质感；最后让学生展开想象，给这些花起个恰当的名字。

原本学生看花可以说是浮光掠影，跑马观花，脑子里只有一个大概而模糊的印象。但在教师的精心引导下，学生开始调动自己的多感官去观察感受，用眼睛去看，用鼻子去闻，用手去摸，用大脑去想象。这样，才能使自己在动笔前获得丰富的素材，进而写出有声有色、有景有情、内容充实的文章。同时，学生通过观察思考，会为自己的发现产生兴奋、快乐等积极的情感体验。这样，当教师要求他们把观察所得写下来时，一般都非常乐意，因为他们也想把自己的个人发现告诉别人。

因此，在酝酿写作阶段，我经常有意识地提醒学生进行一些细节观察和思考，帮助学生总结观察方式，掌握观察方法，告诉他们在观察时要记得用上自己的五个秘密"小武器"——眼、耳、口、鼻、手。

用眼睛去看一看事物的形状、颜色和状态，如深蓝色的天空中闪动着一颗颗小星星，它们越来越多，好像在蓝色的地毯上跳舞，又像在眨着眼睛和我说话；用耳朵去听一听事物发出的声音，如"哗——哗——"雪白的浪花一层追赶着一层，在金色的沙滩上留下长长的脚印；用小手去摸一摸观察对象的冷暖软硬，如菠萝是岭南的一种常见水果，身上有许多美丽的格子，"皮肤"粗糙得有点儿扎手，摸上去刺刺的，硬硬的；用鼻子去嗅一嗅东西的各种气味，如我从绿叶丛中轻轻摘下一颗荔枝，放到鼻子底下一闻，顿时一股荔枝特有的清香直沁心脾；用嘴巴去尝一尝能吃的东西是酸甜苦辣，还是爽脆绵软，如那小小的香梨黄黄的，就像一个小葫芦，咬一口，甜甜的梨汁顺着舌头滑入肚子，就像吃了蜜糖一样让人乐滋滋的。

第二学段的习作教学在小学阶段显得尤为重要，它是学生在习作上的起步，是帮助学生轻松迈进作文门槛的关键。作为教师，在小学作文教学中应该多一点浅显易懂、生动活泼的指导训练。教师不告诉学生怎样去发现，不教会学生怎样去观察，又怎能抱怨学生的作文写不好呢？作文教学实践"忠实"地告诉我们，教师只有巧引善导，用好教学的"秘密武器"，才能让学生拥有一双善于发现的慧眼，他们的作文才能真正"点石成金"。我希望本文能起到抛砖引玉的作用，让每一位语文教师在反思践行中，提出更多切实可行的教学策略进行交流碰撞，有效改变并提高我们的习作教学效能，为孩子开创一个属于习作的春天。

以"激励"挖潜能，促成长

——激励性评价在口语交际教学中的运用

一、研究的背景

邓小平同志指出："教育要面向现代化，面向世界，面向未来"。现代社会需要每个人有较强的综合素质，良好的口语交际能力更是必备的素质之一。根据全国第八次课程改革，将听话、说话改为口语交际，这不仅仅是提法上的改变，更是认识上的升华。小学生年龄小，接受和模仿能力也特别强，适时进行口语交际能力的锻炼和培养，也是全面实施素质教育的一个方面。因此，根据培养学生口语交际能力的新要求，我们深切地领悟其改革的意义，并在执行新大纲中认真研究、积极探索、提质增效。

德国著名教育家第斯多惠说过：教育的奥秘不在于传授本领，而在于激励、唤醒和鼓舞。在课堂上，学生有了兴趣，才有交流的动机；有了兴趣，思维才会活跃，而培养兴趣的重要途径就是激励。人的深层需要是渴望别人赏识，对一年级的小学生来讲，更是如此。在教学中，教师要充分调动自己的情感因素，把每个学生当成自己的朋友一样对待，对学生的表现进行评价时，多用鼓励少用批评，尽可能地寻找学生身上的闪光点。因此，尊重学生在学习中的独特体验，对学生进行激励性的评价，显现出其重要性。

二、研究的目的、意义

语言是人们交际的工具，思维的工具。口语则是人们运用语言进行交际或者思维的实践活动。"口语交际"指的就是人们运用语言相互交流思想感

情、交流信息的听说读写活动。说和写是表达，听和读是理解，表达和理解相互依存，是一个言语交际过程中的两个方面。"言语交际"是表达训练的出发点和归宿，并贯穿于训练的全过程。

在语文教学中，语文的特殊矛盾是思想内容交际的实际需要与运用并通过外部语言以实现交际的矛盾。因此，语文教学的特殊的本质就是口语的交际性，口语交际也是语文教学最本质的属性。语文教学要从言语交际的需要出发，为言语交际的需要服务，这正是语文的特殊矛盾决定的，也是语文教学的本质属性决定的。

众所周知，只要在社会上生活，人们之间随时随地都离不开言语交际。我们不妨从以下三个方面来看：

（1）小学生姓"小"，最初的作文基础就是要从"说"开始，要学生联系生活实际、联系学科实际，达到"说"得正确、有序。这样，有效地训练了学生的言语交际能力。

（2）口语交际的训练，可以增强学生之间的交往，消除学生交际时的羞怯心理。使学生无论在社会的大环境中还是在班级的小环境中，都能达到敢说，大大方方地说。

（3）口语交际使学生在相互的说、练、演的过程中，感受到别人的关爱，同时也学会了关爱别人。这样的交流，孩子们收获的不但是知识，是表达能力，更具有了良好的情感和健全的人格。

三、"激励性评价"的界定

（一）"激励性评价"的含义

"激励性评价"，是指在教育教学中，通过教师的语言、情感和恰当的教育教学方式，不失时机地给不同层次的学生以充分的肯定、激励和赞扬，使学生在心理上获得自新、自信和成功的体验，激发学生学习的动机，诱发其学习兴趣，内化其人格，进而使其积极主动学习的一种策略。

（二）"激励性评价"的特点

（1）"激励性评价"不是面对一部分学生，而是面对全体学生，这反映了素质教育要面向全体学生的要求。

（2）体现了素质教育主体性原则。教师要从学生所处的学习主体地位出发，制定教学策略、原则和方法。

（3）体现了发展性原则。教师通过这一评价方式，使学生在基本素质全面发展的基础上，达到个性化和社会化。

（4）体现了渗透性原则。教师从素质教育出发，进行渗透教育，包括渗透内容的全面性、启发性和激励性。

四、"激励性评价"的理论依据

（一）"激励性评价"是对现代素质教育理论的体验与实践

激励性评价不仅仅是一种评价的方法，而且是一种现代教育思想的体现。其主要体现在以下三个方面：

1. 激励性评价尊重学生的主体地位

多元激励性评价始终把学生放在"人"的位置上，尊重学生的个性，充分发挥学生自我评价和评价他人的主体作用，很好地体现了以学生为主体的思想。

2. 激励性评价满足了学生积极的心理需求

学生在学习、成长的过程中有被赞美、被鼓励的需求。在教师与家长的评价过程中，我们强调"多在学生的位置上想一想"，"宽容学生的失误，鼓励学生的成功"，能多元化、多角度地让学生体验到成功的愉悦，感受到自身存在的价值，从而满足学生健康的心理需求，使其树立对学习、生活的自信。

3. 激励性评价实现了个体的自我激励

在多元激励性评价中，我们特地设计安排了"回音卡"，让学生把心中的感受写下来。其教育作用是巨大的。学生真情实意的流露，正是对其进行激励教育的体现。

（二）"激励教育以主体论、矛盾论为哲学依据，以心理发展动力理论为心理学依据，以系统论为方法依据"

激励性评价是激励教育的一种手段，在实施激励性评价的过程中，教师必须把学生作为一个能动发展的主体来看待，通过各种外部诱因来满足学生兴趣、情感的需求，点燃他们的求知、进取、发展的火花，促进学生的主动学习和主动发展。

美国心理学家特尔福德认为："驱使学生学习的基本动机有两种：一种是社会交往动机，另一种是荣誉动机。"前者表现为学生愿意为他所喜欢的教师而努力学习，从而获得教师的称赞，增进师生情谊；后者则是一种更高级的动机，它是学生要求在群体范围内取得一定地位、待遇的愿望体现，如追求别人对自己的尊敬，希望获得别人的肯定、赞扬、称颂等。这两种动机是学生学习自觉性和积极性的心理基础。若要学生积极进取，刻苦求学，教师在教育教学中就必须充分发挥激励手段的作用。在教育教学活动中，一个教师对学生的评价如何，往往会使学生产生两种截然相反的表现。

第一种——消极表现：

        挫折   害怕挫折

说话、交际困难 ——→ 老师、同学评价低 ——→ 对口语交际课失去兴趣

                                              ↓ 丧志

             失败   自暴自弃

说话、交际越来越困难 ←—— 掌握知识、技能差 ←—— 学习积极性低

第二种：积极表现：

        没有挫折   增强信心

说话、交际轻松 ——→ 老师、同学评价高 ——→ 对口语交际课兴趣增加

                                            ↓ 奋发

           成功   求知欲强

说话、交际不断进步 ←—— 知识、技能掌握好 ←—— 学习积极性高

从上述两种表现来看，第一种表现已陷入了恶性循环的怪圈，而第二种正是我们所追求的。因此，要冲破恶性循环的怪圈，正确地评价学生的学习表现，教育他们正视挫折，激励奋发，是至关重要的。当然，内因是变化的依据，外因只是变化的条件，而教育就是运用恰当的手段促使学生变化的过程。叶圣陶先生说过："教亦多术矣。"在口语交际教学中，激励性评价正是对学生学习口语交际的一种极为重要的评价手段。

（三）建构主义理论

建构主义强调学习者的主观认识，重视建立有利于学习者主动探索知

100

识的情境。建构主义者认为，虽然世界是客观存在的，但是对于世界的理解和赋予的意义是由个人自己决定的，人们是以自己的经验为基础来建构或解释现实，由于个人的经验及对经验的信念不同，因此对外部世界的理解也不同。但是通过学习者的合作可以使理解更加正确、丰富和全面。建构主义的这些观念为我们探讨一种好的、值得倡导的课堂教学新理念提供了坚实的理论基础。

五、"激励性评价"的研究内容

结合《课程标准》的要求及指引，我们主要研究以下两方面的内容：

1. 如何运用激励性评价培养并促进学生口语交际能力的提高

小学阶段学生仍属于社会中的弱势群体，他们的心理水平还很不成熟。课标对学生口语交际能力培养的阶段目标中强调："让学生有表达的自信，积极参加讨论，对感兴趣的话题发表自己的意见。"因此，如何根据小学生的心理年龄特征培养他们的自信，激发他们说话的兴趣理应成为本课题研究的最基本内容。

2. 如何运用激励性评价促进学生口语交际能力培养的活动化、实践化

口语交际能力的培养最终要落实到实践当中，本课题将设计多种活动方案，深入学生学习、生活当中，调查研究活动对学生口语交际能力培养的重要性。同时我们也将推出一组新方案，即如何让学生与社会对话，实践在日常生活中，从而使学生口语交际能力有质的提高，有根本、显著的体现。

总结以上内容，第一项是我们研究的基点；而第二项将会为研究提供操作依据，它是理性的分析，我们也将在这一项目的研究中获得最终的成果。

六、"激励性评价"实施的有效策略

激励性评价在口语交际教学中的运用策略是多种多样的，在这两年的教育实践中，我们逐渐摸索出以下几种行之有效的策略：

1. 口头评价

在《介绍我的家》的教学时，某教师引导学生说说"哪些地方是谁的家"，学生一边表演一边练习说话时，教师随机进行了激励性的评价："你说得真棒！我们觉得你就像是一只快乐的小鸟！""你们听，这位同学说话说得多完整啊！老师真佩服你。""你真会表演，如果声音再响亮些，就更好了。""太棒了！还有谁能超过他！"教师的激励性语言使全班学生都兴趣盎然，跃跃欲试，完全沉浸在无拘无束的宽松环境中，都积极主动地参与到课堂实践活动中。整堂课，使学生理解了内容，练习了说话，陶冶了情操。

2. 书面评价

家校联系本上、默写本上、考卷上都可留下对学生进行潜移默化的书面评价。比如，有个学生一向默写成绩不理想，通过自己的努力，一天得了100分。于是我不失时机地在100分的后面写上："你果然没让老师失望，老师相信你，一定能保持好成绩，是吗？"在每次默写以后，仅仅几个字的评价促使这个学生对每次的默写都很期盼，可见，教师的评价确实对学生产生了很大的影响。这种鼓励式的评价能迅速有效地使学生养成语文学习的自信心和良好习惯。

3. 外部评价

一个真诚的微笑，一个夸奖的手势，一个肯定的眼神，一次轻轻的抚摸等，这些无声的评价是发自内心的，将牵动着学生的心，这是一种最容易被学生接受的评价形式，它可以起到此时"无声胜有声"的效果。上课前，教师的一个真诚的微笑，可以让学生充满信心地融入课堂的教学；上课时，学生欲言又止，吞吞吐吐不敢大胆表达内心的想法时，教师一个肯定的眼神，及时给学生吃了一颗定心丸；正确、流畅、响亮的回答，赢得了老师一个夸奖的手势和同学们赞赏的掌声，此刻的学生必将充满了学习的斗志……不要吝啬这些小举动，它将会给你带来无数意外的收获和惊喜。因为教师的一举手一投足，都可点燃学生学习的火花，使学生尝到学习的愉悦，这将使师生之间产生了一种心心相印的情绪体验。

4. 对学生的激励评价要适度，与批评相结合

在平时的口语交际教学过程中，教师常被这样的问题困扰：在激励性评价中需不需要批评？通过一段时间的实践，我认为，必要的批评是需要的。因为教师、家长、学生过度地对学生进行赞美、激励，会给学生造成自我感觉太好、自信过头的情况，认为自己的每一点成功都必须得到大人的夸奖、鼓励，否则他会觉得没意思。而现实生活中，不可能学生每做一件事都会获得激励性评价，因为教师、家长不会每时每刻都在他身边，即便他做了许多

有意义的事，也不可能有人会赞美激励他。并且，过度的激励也会造成学生经不起批评，话一说重就哭鼻子、发脾气，这对于孩子的成长是极其不利的。

5. 根据学生的年龄特点进行分层激励

1—6年级的学生在身心发展上有着显著的差异，因此对他们的激励性评价也应该分层进行。我们的经验是：

（1）对低年级学生的激励以精神鼓励为主。激励可以用微笑、抚慰、点头或亲切的语言进行。并且对于低年级学生的奖励应该持续不断。

（2）对于中年级学生来说，我们应给予他们更多的受激励的机会和舞台，让他们有更多的机会展示自己的能力，从中获得自信。

（3）对于高年级学生的激励，真实诚挚的语言比什么都重要。因为这一阶段的学生正处于身心快速生长时期，心理的敏感程度相当大，我们更应该学会与他们民主、平等地交流。

清代教育家颜昊先生说过："数子十过，不如奖子一长。"花费很多时间和精力去苛求学生，不如用一点心力去发现其优点，并以此激励他，让学生体验成功的滋味。这种激励性评价在口语交际教学中的恰当运用，能在学生内心深处形成一股强大的心理推动力，在潜意识中产生向表扬目标努力的追求，其影响力是深刻而长久的。

综上所述，激励性评价的正确运用，能不断地激发学生学习的潜力，其工作法的核心是千方百计地促使每个学生都走向成功。作为教师，必须加强自身的文学、品德等修养，努力掌握激励性评价的技巧，更有效地为教育教学服务。

让孩子的创造性思维在作业中"动"起来

大教育家乌申斯基曾说："语言乃是思维的有机创造。它扎根于思想之中，并且从思想不断地发展起来，所以，谁要想发展学生的语言能力，首先应该发展他们的思维能力。"反观传统的语文作业，大搞"一刀切"，简单机械，不是读课文抄生词，就是背解释、分段、写段意，令学生不胜其烦，从中感受不到丝毫学习语文的乐趣。实际上，如果教师在作业中也多引进点创新精神，搞搞"新意思"，那既改变了作业中千篇一律的老面孔，免除了学生机械式抄写的痛苦，又有利于培养他们的创造性思维，将课堂由课内延伸到课外。思维能力增强了，成绩自然就提高了，学生对语文的兴趣浓厚了，"语文难学，学生怕学"的怪圈也就不攻自破了。

一、想一想，求发展

在语文作业中，我们反对单调机械的抄抄写写，并不等于说不要抄写，因为字词作为基础，必须让学生通过抄写来强化巩固记忆。但是如果只重视数量，不注意变换形式，让学生光动手不动脑地照抄，则只会事倍功半，劳而无效，使作业失去"再学习，再发展"的功能。为此，我经常改变抄写形式，如抄生字词，我不会让学生生搬硬套抄三次，而是第一次按音序排列，第二次按部首分类，第三次按间架结构分类。几遍下来，虽然每次都写一遍，数量相同，但由于训练的形式各不相同，在抄的过程中要集中注意力，开动脑筋思索，因此学生不仅巩固了生字的写法，而且梳理了其他知识，归纳总结能力在想一想中得到了提高与发展。又如理解词语，并不一定要单调乏味地抄背解释，可以提供语言环境，选词填空，学生通过比较分析，不仅理解了词意，而且明确了词语运用的范围和场合，有助于在今后的语言实践中运用。总之，不管采用何种形式，身为教师一定要明白，作业并不仅仅是让学生去做，而是要让学生在做中想，在想中练，以求得综合技能的提高。

二、画一画，利均衡

学生完成语文作业，不仅是为了复习巩固、深化知识，也是在实践中运用语言，形成技能，同时又是在培养观察、分析、创造等能力。为了让各方面的能力得到均衡发展，齐头并进，教师就要注意作业必须因人而异，分层设计，让基础较差的学生能温故，基础扎实的学生能知新。以此促进每个学生的最优发展，形成"百花齐放"的局面。

比如，学习《詹天佑》一课，布置作业时，我让学生分别给居庸关、八达岭隧道的凿进方法及"人"字形铁路的设计画一张示意图，再给示意图配上相应的解说词，有兴趣的学生还可以按自己的创作思路画新的设计草图。这既能使学生更好地了解课文内容及时代背景，又能使学生的观察、分析和语言运用能力得到锻炼，同时还满足了不同层次学生的需求，进一步培养了他们发现、探索、创造的才能，有利于每个学生的认知水平在动手动脑中均衡发展。

三、写一写，促升华

富于幻想是少年儿童的天性，而幻想又是创造性思维的一种特殊形式。小学生对未来都有一定的追求和理想，每天都会萌生出许多美好的念头，教师若是给学生创设一定的情境，然后引导学生据此进行奇特的想象，学生定可大显身手，描绘出一幅幅诱人的图景。比如，学完《鸟的天堂》，可设身处地地当导游，写一段导游词。学了《穷人》，可续写结尾，在自编小故事中再现渔夫和桑娜的善良，升华文章的中心和自我的情感。

又如，在学习《草原》一课时，当学生随着老舍的笔在一碧千里而并不茫茫的草原上尽情遨游时，我因势利导，趁机点拨："老舍先生欣赏了草原的美景，想坐下低吟一首奇丽的小诗。你们也领略了草原的秀美风光、千古神韵，何不用手中的笔来抒发自己的感受呢？"学生们纷纷低下头，拿起手中的笔，刷、刷、刷，不一会儿，就写好了。

有的写：我愿是大草原上的一棵小草，天天看着大草原明朗的天空，吮

吸着大草原新鲜的空气！有的写：我愿化作一只雪白的绵羊，和绿草结伴，与小丘为伍。有的写：我愿变成一头温顺的大牛，静静地看着天边的翠色轻轻流入云际。有的写：我要变成搏击长空的雄鹰，在草原上尽情地展翅飞翔。有的写：我愿是那飞驰的骏马，在大草原上洒脱地奔跑，奔向草原的希望和未来！此情此景，学生的情感在语言感悟中升华，不单是作家老舍，他们也深深地爱上了这片美丽的大草原，痴痴地陶醉着，眷恋着……

四、动一动，拓视野

其实，从大语文的格局来看，作业应该并不仅仅局限于书本上的读读、写写、画画，而更应通过多种多样、行之有效的语文课外活动，培养和训练学生的创造意识与创造能力。教育先行者叶圣陶曾说："天地阅览室，万物皆书卷。"小学语文课外活动的实施，为学生提供了尽可能多的创造机遇，让他们的创造力在丰富的视野、广阔的生活中得到拓展与深化。如学过《奴隶英雄》后，及时组织学生排课本剧，锻炼自己的表演能力。机智勇敢的斯巴达克，凶暴残忍的奴隶主，痛苦畏缩的奴隶，在学生的数次排练后，变得栩栩如生，活灵活现。又如教完《长征》《菩萨蛮·大柏地》后，我让学生通过上网及书籍查阅，多去接触欣赏诵读毛泽东的诗词，既能加深对课文的理解，又能借此良机举办"革命诗词朗诵会"，强化语言表达能力训练。为学生创设表现的舞台，让学生在活动中体会读书的成功喜悦，从而进一步激发他们的创造热情。

"处处是创造之地，天天是创造之时，人人是创造之人。"——只要我们牢记这一点，多动脑筋，多想办法，在作业中推陈出新，尽量改变题山题海的烦琐枯燥局面，就能解放孩子们的身心，让他们的创造性思维在活泼有趣、形式多变的作业中"飞"起来。

纸上得来终觉浅，绝知此事要躬行

——香港持区汉语拼音教学有效性初探

引　言

虽然拼音教学在内地并不是新鲜事物，但在香港特区真正起步却比较晚。目前，汉语拼音教学是香港特区推行用普通话教中文的实际需求，很多学校也有要求发展的自觉性。香港特区学校和教师在不同程度上做了一些努力。但实施一段时间后，有开展汉语拼音教学的香港学校普遍反映实际操作有困难，成效并不理想。

赴港交流一年，鉴于对香港学校汉语拼音教材及教学现状的了解，我们作为内地赴港的语文教学顾问，通过多次研讨，正确定位在香港教授汉语拼音的学习目标，适当降低汉语拼音的教学要求，培训教师，编写教材，改进教法，课外延伸，为提高香港汉语拼音教学的有效性而努力。

现状扫描——参差　模糊

作为一名内地赴港的语文教学顾问，当我介入所支援的学校后，检视他们的教材及课堂教学情况，发现了不少值得探讨的地方。

（一）认知上的模糊

通过访谈、问卷、观课等不同途径，我了解到香港教师对汉语拼音教学的重要性已有充分的认识，但对如何推行汉语拼音教学，学校行政上要做哪些配合，教学上要做哪些改进，现存的课本素材有哪些缺陷……这一系列问

题认识都模糊不清。

（二）教材上的不足

我们所接触过的香港拼音教材存在诸多不足。

首先，内容的组织欠科学。有的教材把y、w不作声母来教，有的教材复韵母有37个；有的教材较少提供练习拼读的词句，有的教材提供了，内容却和中文课及学生生活联系不紧密。

其次，编排的形式欠生动。能表形、表音的插图及引导说话的情境图不多，能复现音节且有趣味的儿歌、小韵文也不多。

（三）教学上的欠缺

教师对汉语拼音的工具性认识不足，仅把汉语拼音当作纯粹的知识来教，很少会意识到要将拼音、识字、说话有机融合，以致力于学生语文素养的形成和发展。在课堂教学中教师忽视字母读音和拼读的指导练习，情境创设不够，离拼音教学的趣味性、情境性、实践性还有相当大的距离。

（四）训练上的随意

拼音教学缺乏系统的训练内容和科学的训练方法，存在相当大的随意性。

一是将拼音教学与普通话科结合在一起，作为一门与粤语不同的语言来学习，而不是与中文的母语教学联系在一起；

二是将认识拼音的学习穿插安排在四至六年级进行，一至三年级只认识4个声调，以辅助练习普通话的口语。

很少学校能一步到位，在起始年级集中教授拼音，一般都只是安排在普通话课进行。而每周最多只有一至两节的普通话课，且相隔至少一两天，知识根本得不到及时的再现，更谈不上反复练习了。

（五）环境上的参差

各校普通话推行情况、语言环境参差不齐。有的学校已在小一至小六全面推行普通话教中文，有的学校则刚起步，只在部分年级推行；有的学校每学期设立普通话周，有的学校每周拟定"普通话"日；有的学校安排在小一学拼音，有的学校安排在小二、小三学拼音。时间和空间上的差异，最终体现为整个汉语拼音教学氛围的差异。

教师培训——多样　有效

在驻校期间，我对协作学校的教师进行了多种行式的培训，有共同备课、观课、评课、上示范课、协作课、短讲、工作坊，而且还参加了对外支持活动。

一年来，通过不间断的师资培训，取得了一定成效。在培训中，我针对香港教师对汉语拼音方案缺乏基本了解的现状，引导教师们了解汉语拼音方案，掌握汉语拼音教学特点，介绍内地汉语拼音教学的实施情况，讲述汉语拼音教学的方法。教师们明确了用普通话教中文是环境变化与社会发展的一种要求，汉语拼音教学是实施普通话教中文的基础，是非常必要的。

多种形式的培训活动，营造了汉语拼音教研氛围，初步建立了共同备课的制度。尤为重要的是，有针对性的专业培训提升了香港教师汉语拼音教学的实践能力。通过培训，教师们理解了汉语拼音教材的编写意图，知道了汉语拼音教学的特点和重点。针对香港学生学习汉语拼音的困难，加强了认读和拼读的练习。

教材研发——多元　整合

通过教材比较、问卷调查、询问访谈等途径，和协作的香港教师一起精心编排，以色彩明丽的插图、浅显易懂的内容、富有童趣的练习，为香港学生准备了一道"美味、可口"的"快乐大餐"。整套教材强调多元整合，集"学拼音、读音节、诵儿歌"为一体，打破过去香港拼音教学"单纯的""孤立的"学拼音的束缚，开辟了汉语拼音学习与语言学习相结合的新理念、新教法。

（一）设情境图

低段学生，特别活泼好动，自制力差，注意力难以持久。教材研发时尽量考虑这些特点，每一课都配有精美的插图。为了使教学更加直观，我们通常会借助这些"情境图"，配上相应的朗朗上口的"语境歌"。此外，教材中有的图画既表音又表形，对学生读准字母的音，牢记字母的形很有帮助。

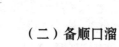

（二）备顺口溜

我们在课本的适当地方穿插进与教学内容相关的儿歌、顺口溜，如四声歌、拼读规则歌等，不仅容易记牢知识点，而且激发了学习的兴趣。编排一些儿歌、韵文，主要为了复习本课和前面学过的字母和音节，同时把学拼音、识汉字、发展语言结合起来，培养学生的语文综合素养。

（三）以生为本

"学生是学习和发展的主体。"——教材每一课的各个板块都以"我会读""我会写""我会连""我会摆""我会认""我会想"这样的形式出现，有利于调动学生学习的自觉性、积极性，有利于培养学生的自主精神和自信心。

（四）多元设计

教材努力体现语文学科的综合性。例如，适当出现词语、句子和儿歌，学生在学习拼音的同时认识部分汉字，背会几首儿歌，把学拼音、识汉字和发展语言结合起来，不但增强了趣味性，而且让学生获得成就感，有不少学生为自己能背下课本上的小韵文而自豪。在拼读环节，出现相应的中文课中刚学过的生字，以起到巩固汉字的作用。

教法研讨——多边　互动

通过共同备课、课堂实践、课后反思等，我们与香港教师一起总结出几条适应香港学校现状的行之有效的做法：

（一）创设情境和语境，激发兴趣

教学的主阵地在课堂，教师要利用有限的课堂教学时间，尽可能多地激发学生学习汉语拼音的兴趣，扎实地进行拼音教学。

1. 以丰富的歌诀激发兴趣

在拼音教学中，无论是教字母的发音，还是记忆形状，我们都运用了大量的儿歌。如四声歌：一声平，二声扬，三声拐个弯，四声往下降。字母歌：张大嘴巴aaa，圆圆嘴巴ooo，扁扁嘴巴eee。标调歌：a、o、e、i、u、ü，六兄弟排好队，谁大标在谁头上，i、u都有标在后，i上标调点去掉。拼写规则歌：小ü碰上j、q、x，擦掉眼泪笑嘻嘻。拼读规则歌：前音轻短后音重，两音相连猛一碰。声轻介快韵母亮，三音连读很顺当。

2. 借生动的故事破解难点

孩子天生就喜欢听故事、讲故事，我们利用这个特点作为设计教学环节的组织策略和依据，促进学生语言智慧的发展和提高。

如在教学整体认读音节"yi、wu、yu"时，学生第一次接触整体认读音节，为了让学生容易理解与接受，教师给他们讲了一个小故事：有3个小宝宝 i 、u、ü，他们一起出去玩，走着走着，他们却迷路了，这时怎么办呢？他们可着急了，瞧，大Y、大W两位爸爸看见了，大Y带小i走，大W带小u回家，小ü没人领，伤心地哭了，大Y赶快来带小ü走，小ü眼泪擦干净，笑眯眯地和大Y一起回家了。听完了这个故事，再让学生当大Y、大W带3个小宝宝，同时提醒他们小ü是笑眯眯的，眼泪擦干净了。这样学生就利用形象生动的故事记住了这3个整体认读音节。

3. 凭多彩的游戏呈现亮点

陈鹤琴先生深有感触地说过这样一段话："游戏是人生不可缺少的活动，不管年龄性别，人们总是喜欢游戏的，假如在读书时代，学生们能化读书的活动为游戏。那么，读书不是会变得更有趣、更快乐、更能有进步了吗？"汉语拼音是刚入学孩子学习的主要内容，把游戏引入教学实践，就能使课堂"动"起来、"活"起来，起到事半功倍的效果。

在教学中，我们经常鼓励学生用肢体、手势来进行"手舞足蹈"。例如，在教"o"这个字母的形时，我们启发学生思考：怎样用你的肢体动作来展示o的样子？于是，一番热烈的讨论之后，有的学生把嘴巴张开，拢成一个圆形；有的学生把食指和大拇指围成一个圆形；还有的学生把两只手臂围成一个圆形……各式各样的"o"让学生们兴奋不已。可见他们小小的躯体里潜藏着非常丰富的知识表现力，只要教师善于引领、挖掘，学生的肢体动作智慧就会得到非常完美的体现。我们在课堂上还开展了"找朋友""摘苹果""送信""开火车""大转盘"等游戏，这些活动使学生的大脑从多方面进行分析综合，形成暂时联系，提高了学习效率。

4. 借细致的观察掌握重点

看插图记字形：编制的插图，大多能表音表形，引导学生仔细观察，练习说话。

　　看口形明发音：香港的学生由于受广东话的影响，很难发准读音，教师就示范发音，并清晰地讲明发音部位和发音方法。

　　在共同备课时，成员之间互相看口形，教师自己首先明确发音部位和发音方法。在课堂上，先让学生观察教师的口形，再让学生互相观察并指正，还可让学生对着镜子自我观察。通过这样的互动观察，解决发音困难的问题。

　　看四线格练书写：针对香港的教师和学生对书写较忽视的问题，我们给予了特别的关注。首先，我们让学生明白专供拼音字母书写的四线格，将之形象地称为一层楼、二层楼和三层楼，每新学一个字母，都要明确它在四线格中的确切位置。其次，我们强调每个字母的笔画名称及书写笔顺。

　　"今教童子必使其趋向鼓舞，心中喜悦，则其进自不能已。"古人尚且知道激发兴趣对提高学习效率的重要性，更不要说我们了。这也应了我们常说的一句话，"授人以鱼不如授人以渔，授人以渔更应授人以欲（欲望、兴趣）"。情境、语境的创设，寓学于玩，寓教于乐，极大地激发了学生的内在学习动力。

（二）结合说话与阅读，注重实践

　　学生学习汉语拼音，是从言语实践中来，又回到言语实践中去的过程，是一个将已有的生活经验与学习对象建立起新的联系的过程。拼音能力只有在实践中才能形成。所以在教学中，我们运用一切可以运用的机会，引导学生认读、拼读，继而达到直呼。将读拼音与说词语、说句子相结合，引导学生拼读拼音词、拼音句，或通过拼读音节，说出已有经验中的词语或句子。例如，在教学ba的四声时，就引导学生说"八个、拔河、一把伞、爸爸"等词语，还引导用其中一词说话。这样赋予字母以现实的意义，将读说相结合，让学生们感受到生活中到处有拼音，拼音就在自己身边。在强化音节教学的同时，又发展了学生的语言智能。

　　教学中，教师还应选择一些浅近短小的注音儿歌等，引导学生借助拼音，借助所识的汉字进行阅读和朗读。三线并进策略，收到拼、识、读相互促进的协同效应。

课外延伸——多维 沟通

"得法于课堂，得益于课外"——课堂上得到的知识毕竟很有限，要想学得更好，必须加强课后的复习，正所谓"温故而知新"。要学好汉语拼音，说好普通话，也应该如此。尤其是对于拼音基础相当弱的香港学生，课后的"加温"显得尤为重要。

（一）开设"普普屋"

刚开始驻校的时候，我就和协作学校商量，共同拟定了"普普屋"计划。每天小憩的时候，我们就到"普普屋"帮学生正音，和学生用普通话进行交流、玩游戏、猜谜语、讲故事，教学生读唐诗、名人名言、绕口令等。

（二）进行"亲子录音"

每教完一节拼音课，我们就设计相应内容的工作纸，再把工作纸的内容进行录音，然后放到校园网上，要求学生回到家里读给家长听，家长对照录音进行辅导，再做出相应的评价。

（三）善用"晨会午休"

充分利用晨会和午休时间。每天的晨会，我都会挤出几分钟进行"普普讲"。我们交流老师和学校的普通话大使轮流值班，面向全校师生用普通话播天气预报、新闻和奥运消息，读金句，讲笑话；午膳后的时间，也是我们推普活动时间。我们有时放普通话的影片给学生看，有时跟学生一起搞一些有趣的活动，有时给学生讲故事。

（四）加强"朗诵辅导"

为了使学生在全港性的朗读比赛中取得好成绩，教师们也花了很多时间进行辅导。有的教师把一至六年级朗读比赛的内容都给学生录了音，学校再把录音光盘发到每个学生家长手上，让家长也参与进来。

只要多动脑筋，在香港教汉语拼音也可以十分美妙有趣。同时，香港教师也发现，无论是识字、阅读，还是普通话正音，只要坚持有效地激发学生学习汉语拼音的兴趣，使拼音教学和普通话教中文结合得更紧密，就能让汉语拼音教学在香港越走越远、越走越精彩。

浅谈小学语文教学中非智力因素的培养

很长一段时间以来，小学语文课堂教学都偏重于对学生智力因素的培养，而忽略了对学生非智力因素的培养。其实，学生智力因素和非智力因素是相互影响、相辅相成的，智力因素很大程度上是在非智力因素的作用下发展起来的，在提倡核心素养，摒弃"高分低能"的今天，更应强调非智力因素的培养。

传统的灌输式教学，往往把学习变成连续不断的知识积累和记忆训练。它所能调动的只是儿童大脑功能中与机械的、逻辑的、无情愿的相联系的那一部分，长此以往，必将使儿童由活泼开朗变得迟钝呆板。显而易见，这与促进儿童身心健康的全面发展是相违背的。因此，对传统教学方法加以改革，已成为小学语文教学改革中的重要环节。无论采用何种教学方法，其目的及着眼点都应在于激发学生的学习动力，由苦学变为乐学，由"要我学"变为"我要学"。因此，教师如何在教学过程中创设情境，烘托气氛，诱发学生的学习能动性和主动性，显得尤为重要。

现在我从事的是小学低年级语文教学。我常常思考一个问题：如何利用和转化小学生活泼好动，好奇天真的天性呢？我在以下几方面做过尝试：首先，在教学中注重儿童学习情趣的培养和良好学习气氛的营造。我按照教材的特点，深入挖掘教材中潜在的因素，充分利用直观教具，用富于情感的语言把学生带入一种意境。如教第一册第11课《小小的船》时，为了诱发学生的学习兴趣，我找来一首描写夜空的乐曲。在授课前用幻灯机放出彩图，随即配上优美的音乐，不失时机地指导学生随着音乐一边观赏彩图，一边听我讲一个简短的小故事。学生随着优美的音乐和充满诗意的故事，情不自禁地进入了课文所创设的情境。他们插上想象的翅膀，专心致志地边观察边听我讲解，他们惊喜地知道了月亮有时是"弯弯的""尖尖的"，像一只小船，星星是一闪一闪的，像一双闪烁的眼睛。小朋友想象自己在凉爽的秋夜，坐在弯弯的月亮船上望着闪闪的星星和蓝蓝的天空，产生无限的遐想……从而领会了诗中蕴含的思想感情，由此培养了学生的想象力和热爱大自然的感情，并很快理解了课文的意思。讲完课文后，我还提示性地介绍了关于天体运行的一些简单知识，要求学生晚上注意数星星。与此同时，学生们也不时地向我提出一些天真有趣的问题，好奇心和求知欲得到了极大的满足。

其次，进行美感教育，发展小学生的情感意志。教学过程准确地说应该是促进儿童"自我发展"的过程，即通过教师的"教"转变为学生的"学"的过程，通过这个过程，促进学生身心体智的全面发展。语文科对培养儿童的情感意志有它独特的有利条件——大量的课文再现了自然之美和生活之美，这对于发展儿童的情感意志有着很大的作用。第一册的拼音教学，任务繁重且十分枯燥，这就特别需要教师充分利用直观教具，采取多样化的教学手段，让学生觉得这些拼音字母像一个个的"小蝌蚪"，又像乐曲中的音符，非常有趣。一次在教拼音总复习时，我发现有一题的音节都是关于动物的，于是就在黑板上设计出一个"动物园"，把10种动物的图片贴到黑板上，用"栏杆"围住，让学生读出"动物园"门口的牌子："shuo shuo ni xi huan shen me dong wu"，学生一听，来精神了，课堂气氛十分活跃，纷纷举起小手，争着回答并说出自己喜欢的理由。然后我又顺势提出问题："叔叔阿姨要考考小朋友，给这些小动物挂上相应的牌子，看看该怎么挂？"让小学生经过思考后，把音节贴到相应的图上。小朋友们一个个积极思考，踊跃发言，抢着上台来贴。最后我提问，以激起学生的求知欲：你们知道这些动物是吃什么的吗？除了书上写的几种动物，你们还知道什么动物？如此一来，大家更活跃了，争先恐后地报出自己知道的其他动物名。通过教学内容的一步步拓展，开阔了学生的眼界，拓宽了学生的知识面，又活跃了他们的思维，增强了学生的主动性和积极性。

总之，发觉课文中美的内容，能使学生在学习知识的同时，获得美的感受，提高了鉴赏审美能力，陶冶了情操，一个个成为知识海洋中孜孜不倦的探索者。

阅读，开启"智慧"之门

——浅谈儿童阅读指导开展的四个要素

阅读是当今社会关注的热点，也是当下教育研究的重点。资深的阅读研究者崔利斯在《朗读手册》中阐述："阅读是教育的核心，学校中几乎每一科的知识都是通过阅读来学习的。"由此可见阅读指导的重要性。平时，我们经常说记叙文有三要素，其实，对儿童的阅读指导也有其四"要素"，它们分别是：

一、第一个要素是"选择"

完整意义的阅读从选择开始，没有选书，何谈读书？如果在孩子所处的环境中连一本小小的故事书都没有，那么就连读的机会都没有。因此，在开始阅读前，必须有足够的图书储备可供选择。让孩子有选书的机会。但光有储备是不行的，图书应该是可以接近的，温暖的，而不是束之高阁仅仅作为摆设的；图书还应该进行展示，以刺激阅读者的阅读兴趣。选择本身就是阅读活动非常重要的部分。肩负着教育责任的我们，即学校、教师、父母或那些承担着相关教育职能、文化传播功能的机构，应当尽可能提供或准备相当的图书，并让这些书置于孩子易于接近、可以接触、可以使用、可以选择之处。当然，这也包括引导孩子到书店或图书馆去选书。

在阅读指导的过程中，对于学生来说，教师要特别注意以下两点：

1. 尽可能提供多的书

没有哪个教师能判断，哪一本书能够完全满足学生个体的智力发展需求或思想感情发展需求，因此，必须或应该尽最大可能创造条件，使之有大量的书供学生选择。

2. 摒弃阅读成见

每个人的阅读兴趣是不一样的，教师一般避免以个人的阅读偏好来影响学生，当然，阅读的前提是指阅读那些人类文化经典，内容健康的书籍，也可鼓励学生多阅读有质量，能开阔视野、汲取正能量的书籍。平时除为了开展讨论活动外，如班级共读、亲子共读等，最好不要经常性地指定学生阅读某一本书。因为课外读物和教材不一致的地方在于，教材突出的是规范性和典范性，课外读物更应该突出丰富性、多样性和互补性。

二、第二个要素是"阅读"

在此，"阅读"的范畴比传统的阅读意义更广，它主要涵盖以下三个方面：

1. 阅读时间

阅读时间是创设良好阅读环境的首要要素。它首先应该是固定的，可持续发展的。除去孩子准备和安顿的时间，一般最少建议在10—15分钟或以上，可以随着年龄增长而逐渐延长。

2. 阅读环境

阅读环境包括物理环境和心理情境，其中物理环境是指客观的、外在的，主要指在学校、班级、家庭中尽可能提供足够丰富的书，布置温馨安静、适宜读书的环境；心理情境则是指主观的、内在的，主要指为学生或孩子营造良好的阅读氛围，点燃他们的阅读激情，提供充分的、可持续发展的阅读动力。

3. 阅读方式

阅读可以有听别人读和自己读两种方式，当然鼓励和培养孩子自己读的习惯才是最终目的。

（1）听别人读（讲故事、大声读）——因为绝大多数儿童是"靠耳朵"而喜欢上书的。适合为孩子大声读的作品一般具有如下四点：

故事的情节发展——节奏快；

故事中的人物形象——鲜明、丰满；

故事的语言或对话——明快、易读；

故事中的大段描写——较少，尤其是开头部分。因为对处于阅读指导起步阶段的学生而言，一、二年级的学生无论是身心还是思维方式都处于相对比较幼稚的阶段，简洁明快、新奇有趣的故事是吸引他们听故事的第一原动力，特别是在开头部分，更忌复杂沉冗的长篇大段描写，这很容易打消孩子的阅读兴趣。

如美国作者大卫·香农创作的绘本故事《大卫，不可以》，我曾分别尝试读给一年级和四年级的学生听，由于故事本身独具的纯真魅力，无论读给哪个年龄层次的学生，他们都听得津津有味、捧腹大笑。因为书中故事人物大卫的形象极其鲜明可爱，他调皮捣蛋、童真快乐，经常淘气搞怪，充满想象力，每天都让大人们头疼；故事情节曲折，浅近直白；故事语言表达极其简练，即使学习能力不足的学生也一听或一看就懂。

大卫站在椅子上，踮着脚尖，手伸得长长的，想去够妈妈放在壁橱最上层的饼干罐。妈妈赶紧大喊一声："大卫，不可以。"

大卫脏兮兮的把泥脚印踩得一屋子都是。妈妈赶紧大喊一声："天哪，大卫，不可以！"

大卫在洗澡，澡盆里变得像个戏水乐园，水流得到处都是。妈妈赶紧大喊一声："大卫，不行，不可以。"

大卫洗完澡，光着身子就跑出了家门。妈妈赶紧大喊一声："大卫，快回来。"

大卫头戴饭锅，手拿勺子、平底锅敲得叮当乱响，玩得正开心。妈妈赶紧大喊一声："大卫，不要吵。"

吃饭了，大卫把土豆、鸡腿、小黄瓜用叉子串起来做了一个小人玩，妈妈赶紧大喊一声："大卫，不可以玩食物。"

大卫把自己喜欢吃的鸡腿、胡萝卜、西蓝花、青豆、蓝莓、小青瓜等统统丢到嘴巴里，妈妈赶紧大喊一声："大卫，不要吃了。"

大卫吃饱了看电视，是他怎么也看不够的超人。妈妈赶紧大喊一声："大卫，回房间去。"

……

大卫穿上了棒球服，准备在屋子里打棒球。妈妈赶紧大喊一声："大卫，不可以在屋子里玩。"

可是，大卫没听，他把花瓶打碎了，独自一个人坐在墙角的小圆凳上，反省思过。

这时，妈妈亲切地呼唤："宝贝，来这里！"

大卫扑到妈妈怀里，妈妈用温柔的手把大卫抱在怀里，轻轻抚摸着大卫的头："大卫乖……我爱你！"

又如，著名儿童文学作家孙幼军的《小布头奇遇记》和《小猪唏哩呼噜》也是适合读给孩子听的故事。如《小布头奇遇记》的开头是这样写的：

有那么一个小布头……

小布头？小布头是什么哪？

小布头，嗯——他是一个很小很小的布娃娃。

这是一种带有很强的口语色彩的对话方式，如果与《木偶奇遇记》的开头进行比较，不难看出模仿学习的痕迹。而在30多年后，当年过花甲的他创作《小猪唏哩呼噜》（原名《唏哩呼噜历险记》）时，更是将这一风格发挥得淋漓尽致：

一只小猪，它叫"唏哩呼噜"。

要讲唏哩呼噜，就得先讲唏哩呼噜的爸爸和妈妈。

唏哩呼噜的爸爸是一头猪。他娶的太太嘛，真巧，也是一头猪。有一天，这位猪太太给猪先生生了一大窝孩子。猪先生快活极了，他说："哈，这回我就是爸爸啦！"

（2）自己读——比较多地体现在持续默读这种形式上。在日常的班级阅读指导中，教师在活动方案的设计上应力求简单，允许有一定的弹性，教师可以根据环境和对象的具体情况灵活调整规则。实施指导本身并不困难，难的是要能持之以恒。

孩子独立阅读的时间必须限定在相对固定的时间段，教师与父母应根据班级和家庭环境的不同调整时间，以提高孩子的熟练程度。在教室内阅读的时间通常是10分钟或15分钟。每个学生应自行挑选要看的图书、杂志或报纸，在阅读期间不得变换读物。所有读物须在阅读时间开始前选好。教师与父母也要陪同阅读，以身作则。这一点再怎么强调也不为过。一般最好不要要求学生写读书报告，也不作任何分数记录。

三、第三个要素是"反应"

在此主要指阅读反应。阅读任何东西都会产生反应，孩子们也不例外。读完一本书，阅读活动不会就此终止。孩子的反应是阅读活动中非常重要也最容易被忽视的环节。教师为了帮助学生成为有思想的阅读者，应当鼓励学生做出积极的反应。应该特别关注这样两种反应：

第一种是很欣赏某本书，希望能再次体验一遍阅读的快乐。这往往表现为：渴望重读，或阅读该作家的其他作品，或阅读同类作品，学生会去主动寻找或新或旧的读物，重新开启阅读之旅。就这样，学生回到阅读循环圈的起点，重新选择、重新开始，儿童阅读逐渐进入良性循环。

第二种是很欣赏某本书，忍不住想找人聊一聊、说一说，分享阅读的体验。在阅读的过程中，读者经常有这样的体验，我们希望其他人，特别是自己的朋友一起来体验阅读的滋味。聊书通常有两种形式：一种是非正式的闲聊；另一种是正式的谈话，如课堂讨论。通过他们鼓励孩子对所阅读的书表达自己的感受和看法。只要教师引导恰当，也能帮助学生的阅读循环圈呈螺旋上升之势。

四、第四个要素是"有能力的阅读引领者"

如果能有一位值得信赖的、很有经验的阅读者帮助和示范，阅读学习者遇到的所有障碍都可以被克服。因此这个要素被置于整个阅读循环圈的中心。在学校，在教育教学活动中，有能力的阅读引领者主要指教师——他是引导儿童阅读的核心（灵魂人物）。也是在阅读活动中，坚守儿童阅读指导的最后一道防线。一个虔诚的阅读者，一个懂得学生需要什么的教师，才是阅读教育中最不可或缺的要素。

并不否认阅读学习者之间相互进行学习的效果。"阅读既是艺术也是工艺"，也就是说，仅仅去了解别人的经验是不够的，必须身体力行才能获得真知。因此，在学生的阅读过程中，教师，作为有能力、有经验的阅读者，他对学生阅读体验的帮助是必不可少的。

教师既可以是花婆婆，也可以是点灯的人，当我们把一本本有趣又耐人寻味的书带到学生的面前，引导他们兴致勃勃地阅读，回味无穷地阅读时，即使在朦朦胧胧间，也会使他们的一生有了方向。这一切，都有赖于身为阅读指导的灵魂与核心人物——教师，如果在教书育人的过程中，教师点亮了很多盏让学生长大的灯，会让学生变得更加优秀、优雅和完美。

最后点明一个观点，阅读指导并非一蹴而就，它是一个漫长的过程，身为教师，要清晰地认识到其必要性与艰巨性，一两节课并不能解决学生终身阅读的问题，关键是教师抓住时机让学生形成阅读期待的心理，持续阅读，离开课堂、离开教师、离开学校还想去找原著来读，那我们就可以功成身退了。

智慧阅读　做孩子心灵的引路人

苏联教育家苏霍姆林斯基说过："让学生变聪明的方法，不是补课，不是增加作业量，而是阅读、阅读、再阅读。"我国现当代许多教育名家在生活实践中指出并倡导学生多读书，读好书，好读书。统编版教材更是强调阅读是提高学生语文素养和综合能力的重要途径。

阅读是亘古不变的话题，也是语文教育的核心，在统编版教材的运用实践中尤其突出。如何探索并完善阅读教学体系，探讨有效的阅读策略，成为目前中小学语文教育界日益关注和讨论的焦点。语言文字的积累运用，都需要通过阅读完成。因为语言文字的积累，其途径是听和读；语言文字的表达，其形式是说和写，这就需要语文教师在教育教学实践中树立"大语文"观，引导学生在会读书、读好书、读整本书的基础上，打通教育的内引外联，使学生的学习活动不局限于课堂，走向广阔的生活天地，博览群书，深入开展智慧阅读活动，吸收名家名篇的语言精华，切实提高语文素养和核心阅读能力。

阅读是语文教学的有机组成部分，是提高学生人文素养的重要途径，开展有效的阅读指导活动，能使学生启智开慧，受到情感陶冶，获得思想启迪，享受审美乐趣。2011版《语文课程标准》中明确提出学生应"具有独立阅读的能力，学会运用多种阅读方法。有较为丰富的积累和良好的语感，注重情感体验，发展感受和理解的能力。能阅读日常的书报杂志，能初步鉴赏文学作品，丰富自己的精神世界。能借助工具书阅读浅易文言文。背诵优秀诗文240篇（段）。九年课外阅读总量应在400万字以上"。

首先，我们要厘清其中的几个关键词：

阅读——教育心理学认为阅读是一种由感觉、知觉、思维、想象、记忆等多种心理因素组成的复杂心理活动。阅读活动是一种阅读者把读物的语言变成自己的语言，把读物的思想变成自己的思想的复杂的语言实践活动，又是阅读者进行判断、推想、体验的一种复杂的心智活动。

有效——意味着人们在实现目的的过程中的一切付出（包括时间、精力、物力、财力等）要符合"经济原则"或"节约原则"。"课外阅读的有效性"是指通过学校、教师、家长等群体，有效地进行课外阅读的指导，将指导阅读和自能阅读进行衔接和整合。引领学生在进行独立阅读活动时，运用科学的方法，在一定的时间内，取得最佳的阅读效果，从而在课外阅读活动中获得知识、情感和能力、价值观等方面的提升。

明确了这两个有关阅读的关键概念，会帮助我们对于相关策略的理解有更清晰的指引，那小学生阅读的现状又如何呢？

一、学生阅读现状分析

1. 培养学生的阅读兴趣是提高阅读有效性的关键所在

调查表明，部分学生对课内外阅读的兴趣仍不高。一方面部分教学仍受"应试教育""分数至上"思想的制约；另一方面是教师的重视引导还不足够；还有一方面是部分学生确实存在阅读困难等制约因素。再加上网络、新媒体等多种活动方式的冲击，从而造成学生懒于与书打交道，课外阅读时间变得越来越少。

2. 培养良好的阅读习惯是阅读得以持续发展的有效途径

对小学生而言，多数很难做到定时定量，天天坚持看课外书，看书存在较大的随意性，休闲性阅读占据了课外阅读的不少时间。调查表明，中、高年级学生通过几年的学习仍存在不良的阅读习惯。习惯是由于重复或练习而巩固下来的变成需要的行为方式或倾向。印度有一句谚语："播种行为就收获习惯；播种习惯，就收获性格；播种性格，就收获命运。"从生理机制来说，习惯又是后天获得的趋于稳定的条件反射。所以学生阅读的不良习惯除学生自身克服不够外，也与教师在平时教学中的引领和坚持不够有直接联系。另外，有时父母对孩子阅读重要性的认识支持及家庭环境也是制约因素之一。

3. 抓阅读指导是提升学生阅读能力的一个重要因素

实践证明，没有方法指导而进行的阅读将是一盘散沙，难以积聚真正的能量，促进学生语文素养的提升。但如果教师指导思想不明确，指导方法不正确，反而会淹没阅读指导的重点，如果学生阅读的成果仅仅是变成了五花八门、生搬硬套的读书笔记、读书心得、读后感，则更是挤占了学生读书与思考的时间，加重了学业负担，磨灭了学习热情，最后学生连有限的一点阅读兴趣也会荡然无存。教师的所谓"辛勤付出"只会变得劳而无功，得不偿失，所以教师阅读指导的科学性、重要性变得不言而喻。

二、有效开展智慧阅读指导的策略

1. 推荐书籍，增加现有阅读量

当学生读自己喜欢的书时，会读得津津有味，完全沉浸在书中的世界里，和书中的人物同喜同悲。当学生读自己不喜欢读的书时，会感到枯燥无味，不知所云。因此，学生阅读的兴趣激发起来后，就要适时地引导学生选择合适的课外书，让学生有好书可读。

俗话说："书痴者文必工，艺痴者技必良。"一个人要有渊博的学识和技艺，就要多读书，读百家书，学百家艺，这就是让学生在阅读过程中学会收集书中信息，转化成自己的知识与能力。适合小学生的读物有童话、故事、军事、科技、文学、名人传奇等方面的书籍，这是因为"童话"可以发展孩子的思维能力，增强阅读兴趣，懂得故事中的寓意，从中受到启示和教育；"故事"中的一些情节可打动孩子的心灵，进而增强课外阅读的兴趣，故事的特点是容易口述，这样为学生口语表达能力、写作能力打下良好的基础；军事、科技方面的书籍可增强学生对社会的进步有所了解和认识；文学类书籍可陶冶情操、修身养性，如名家名作被选入语文教材中的《匆匆》《鸟的天堂》《落花生》等文章，读后就能着实让人感受到一种美，一种快乐。所以，教师可以结合教学，适时向学生推荐名篇名作，如学完《最后一头战象》，让学生读读沈石溪的《狼王梦》；学《祖父的园子》，读萧红的《呼兰河传》；学《杨氏之子》，可以尝试看看刘义庆的《世说新语》；学《争吵》，可以读亚米契斯的《爱的教育》……如此类数，不胜枚举。

2. 兴趣感召，提高阅读积极性

爱因斯坦说过："兴趣是最好的老师。"为贯彻落实2011版《语文课程标准》中规定的小学生课外阅读总量，参与研究的教师十分重视激发学生的阅读兴趣，使课外阅读的内容安排、组织形式等尽可能地满足不同层次、不同阶段学生的心理、生理特征，使学生乐读、爱读，使阅读成为学生生活中的一种乐趣。培养学生阅读兴趣，可从以下几点入手：

（1）情意感召法。即经常创设一种浓厚的"书香"氛围，和激动人心的"书林"境界，让学生产生一种置身于精神文明宝库的神圣感。比如，搜集关于读书的名言，进行评说、欣赏；讲述名人读书成才的故事，进行对比、教育；组织参观新华书店、有一定规模的图书馆，让学生感受到书海浩瀚和读书之乐趣，从而激起对读书人的崇拜，对书的渴望，形成与书本交朋友的强烈意向。

（2）交流展示法。当学生的课外阅读兴趣被激发起来之后，为了稳定和保持这种兴趣，并且为了获取他们课外阅读效果的反馈信息，我们广泛推广"课前一分钟"活动，通过不同话题，如《异国风情画卷》《走进西游人物》《时事新闻播报》等，让学生将课外阅读中所了解的大事要闻、奇事怪物、民情风俗、自然风光等有一个展示平台，可以一一说出来与大家交流分享；其次，每学期还不定期地搞一些书面交流活动或学科小比赛，如"美文诵读""校园故事接龙""现场绘制手抄报"等，更好地激发全体学生课外阅读的积极热情。

（3）评比激励法。评比激励是为了给予学生适度的精神鼓励和"物质刺激"，一是有利于学生课外阅读兴趣在稳定的基础上更加强化，二是有利于了解学生在课外阅读中表现出来的个性差异，以便采取一些分类指导的策略。评比激励可从两个层面进行：一个层面是评"作品"，即开展读书笔记、"读书手抄报"等书面作品征集评比，以及"新闻发布会""故事演讲"等口头作品比赛活动，选出优秀的"作品"，分别颁发不同等次的证书和奖品；另一个层面是结合学科组活动，每学期对学生的阅读表现进行两次综合评比，评出不同星级的课外阅读活动积极分子。这样，既可以表彰先进，树立典型，又可以激励其他学生多读书、读好书。

3. 教给方法，增强阅读实效

古人云："授之以鱼，不如授之以渔。"阅读方法的有效指导有利于提高阅读质量，提升阅读鉴赏能力和文化内涵。中年级段学生已形成了良好的阅读习惯，拥有自己专门的读书笔记本，在阅读过程中，学生如何能够自觉地运用圈、划、点、注、评、摘等阅读方法进行有目的、有深度的阅读，懂得如何去品味文字中蕴含的情感，并形成自己的阅读见解，还需要教师作进一步的引导，教师可以利用阅读课的时间给学生择机介绍一些阅读时常见的读书方法，如精读法、浏览法、选读法及批注阅读法等，告诉学生一些常用的、必要的读书方法，否则全凭兴趣盲人摸象，则耗时低效，毫无方法效率可言。

（1）精读法。即对书报上的某些重点文章，集中精力，精细地阅读。有的文章语言隽永，运用典范，以这些作品为凭借，指导学生精读，要学生全身心投入：口到，眼到，心到，手到，边读，边思，边批注，逐渐养成认真读书的习惯。

（2）浏览法。主要针对一些报纸杂志或内容稍显深奥艰涩的书籍，如原版的《红楼梦》《西游记》《水浒传》等，文言夹杂，有些过于冗长反复的描写又不符合现代人的阅读节奏。教材中节选了一些中外名著的各种章节，在指导学生阅读原著时，要求可放宽，只作走马观花式的浏览。这种阅读不受时间限制，比较轻松，而且文艺作品故事性强，有很大的吸引力，阅读速度自然加快，读后掩卷而思，也有不少可回味品评的东西。

（3）选读法。要根据自己在课内学习或写作上的某种需要，有选择地阅读有关篇章或有关部分来读，读时做到目光只扫描最关键的词句，只取所需，以培养学生带着问题迅速捕捉所需信息的能力。

（4）批注阅读法。就是在阅读过程中边读边批注的方法。预先确定阅读批注的符号和格式，引导学生做到一边阅读，一边勾画，或写上几句心得，随读随写，既动脑又动手，加强阅读的深度，提高思考的深刻性。

4. 正确引导，选择文质兼美的读物

苏联大文豪别林斯基说得好："阅读一本不适合自己的书，比不读还要坏。我们必须学会这样一种本领，选择最有价值，最适合自己需要的读物。"对教师、家长而言，如何指导学生正确选择课外读物非常重要。

因为课外阅读好处虽多，但现今社会媒体资讯发达，在某些只关注"赚眼球""赚点击率""赚金钱"的思想冲击下，社会上形形色色、良莠不齐的读物泛滥成灾，作为小学生，与复杂的成人社会相比，不但年龄小、辨别能力较弱，其正确对待事物、认识社会的世界观、人生观也未真正形成，真正需要的就是师长的正面引导和从历朝历代、中外文化经典书籍中汲取力量、汲取有益的养分，如不注意指导他们选择健康、有益的课外读物，则往往会演变成"开卷未必真有益"，与学校、教师、家长的良好初衷相违背。因为孩子只有在成长的过程中收获"正能量"，才能真正创造社会"正能量"。

（1）引领学生一起阅读经典。教师可以充分利用好书推荐、师生齐读、亲子共读等机会，带领学生一起阅读一些经典读物，如在班级读书课上，我曾给学生们讲故事，一些精湛短小的绘本或神话故事、民间传说，如《我的爸爸叫焦尼》《我爸爸》《白蛇传》《嫦娥奔月》等，教师可以利用课堂时间讲完，再引导学生交流分享；但对于一些较长的大部头读本或经典名著，如《长袜子皮皮》《福尔摩斯探案集》等，故事紧张惊险刺激，学生们很爱听，但课堂上的时间往往不允许也不可能读完整个故事，于是我会选择一些精彩章节引读，其余部分再让学生们利用课余时间选读。一来激发了学生的阅读兴趣，二来学生们在一个时期内同读一本书，又有了许多自己感兴趣的交流话题。另外，教师还可以充分利用班级图书角和阅览室，从图书馆统一借阅图书，作为指导学生开展阅读的读物。

（2）支持学生自由选择优秀读物。对于学生自由选择读物，教师要给予充分肯定，并从宏观上进行指导。对于学生在班级中进行读物交流，教师要时刻保持关注，通过与学生谈心聊天等方式，了解学生们近期喜欢读什么、一般会看哪些类型的书等，通过多与学生交流一些读书信息，教会学生选择内容积极的读物。

（3）引导家长帮助孩子选择读物。家庭教育是学校教育最坚实的后盾和保障，家长的力量不可"小觑"。现代生活繁忙，不同的家庭、不同的家长，有时往往连家长自己也不知道到底该给孩子买些什么书来阅读，这时，就需要教师关注对家长的引导帮助，以发挥他们对促进学生有效阅读的正面影响，形成家庭教育和学校教育的合力。教师可充分利用家长会或校讯通等联络方式，向家长推介读书的好处，以及如何在家里引导孩子多读书、读好

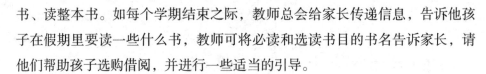

书、读整本书。如每个学期结束之际，教师总会给家长传递信息，告诉他孩子在假期里要读一些什么书，教师可将必读和选读书目的书名告诉家长，请他们帮助孩子选购借阅，并进行一些适当的引导。

5. 善用课堂，建立课内外阅读关联

现在很多学校和教师都重视阅读指导，大都每周安排一节校本阅读课或固定的阅读时间，教师可有针对性、有阶段性地将这节课根据实际需要安排为阅读指导课、阅读汇报课及阅读活动课等，以建立学生课内外阅读的纽带与桥梁。

（1）阅读指导课。内容形式多样，教师有很大的灵活性和自主创造空间。可以根据学校、班级的实际情况，选择一本书与学生共读，也可以推荐读物，或指导学生学做读书笔记、手抄报；同时，也可向学生推介一些适合孩子阅读理解层次的阅读鉴赏方法。在指导学生阅读一些重点读物时，可提出明确的阅读要求，来提高学生的独立阅读能力和培养认真读书的习惯。

（2）阅读汇报课。第一步：学生准备汇报提纲。提纲包括：①阅读的书名、作者、出版社或文章题目、作者。②书或文章的主要内容。③主要收获：包括阅读知识、写作方法、语言积累、思想教育及其他知识等。④疑问、困难或建议。在汇报中，不要求学生面面俱到，选准其中的一两个方面谈细谈深即可，可抓住一个情节或一个细节来阐述，可抓住一个人物的特点来分析，可抓住一种写作特点来介绍……由于阅读水平不同，对于学生提出的疑难问题，即使幼稚可笑，教师也要给予鼓励。第二步：学生汇报，教师相机指导。汇报之前，教师可用激励性的语言，唤起学生汇报的兴趣，然后小组交流，教师巡视，掌握学生的交流情况，为全班交流搜集情况，了解信息，再全班交流，学生自由发言，教师引导学生汇报评价，以达到使学生充分发表自己的见解和看法，相互补充，共同提高的目的，最后教师要做好小结，以总结成绩，表扬鼓励为主，并且引导学生养成良好的阅读习惯。尤其要注意的是肯定成绩的同时，也要点明不足，以利于改进提高。

（3）阅读活动课。可以结合班级学生阅读的实际情况，由教师提议定活动主题，也可以由学生自行商议定主题或内容。如开展"语言的魅力交流会""岭南名人小故事""自编科学书""手绘连环画""多姿多彩手抄报""畅游诗海""革命故事小表演"等活动。通过系列活动，学生的阅读兴趣得到强化，为良好阅读习惯的养成注入持久动力。

三、实施成效

（一）学生层面

1. 提升阅读兴趣，改变阅读习惯

有效开展小学生智慧阅读指导策略研究的最大受益者是学生，学生的阅读行为发生明显改变。通过开展研究，学生的阅读兴趣大大提高，由少读到多读，由不喜欢读书到喜欢读书，甚至爱不释手。阅读的水平由量变到质变，完成并超过新课标的要求。许多学生还养成了好书随身带、好书随时看的习惯。

2. 提高阅读的质和量

开展该研究，一方面丰富了学生的精神食粮。教师给学生推荐了广泛的阅读书籍后，扩大了阅读面，增加了阅读量，书读得多了，许多孩子学会自主选择喜欢的、有用的书读，还积极向同学们推荐。另一方面增强了学生的阅读能力，提高了学生的人文素养，使学生的智力、德行、情感等达到文明和谐的状态。

3. 促使阅读良性循环

通过有关实践，学生掌握了多种有效的阅读方法，对阅读产生了浓厚的兴趣，以极高的热情投入阅读中，产生了良好的阅读效果，在学生读完之后，他们的收获、情感又能在阅读小组中与同龄人交流，他们的自我学习价值得以体现，这反过来又促进了他们的再次阅读。再加上学校科组经常组织开展一些有趣的阅读活动，所以，这一课题的开展使学生的自主阅读热情空前高涨，学校中也形成了良性循环的阅读生态圈。

（二）教师层面

1. 转变教师阅读指导观念

经过指导与实践，参与研究的教师走出了以往阅读指导的误区：注重阅读数量，忽视阅读质量；注重阅读结果，忽略阅读过程；流于阅读形式，忽略阅读实质；指令性阅读太多，引导性阅读太少；放羊式阅读太多，指导性阅读太少……大语文教学观的树立，极大地丰富了课堂教学的内涵和外延，使教师的教学观念发生转变，直接导致了教学行为和教学结果的改变，阅读

教学的实质真正得到优化和补充。

2. 提高教师阅读指导能力

由于起步较迟，重视不够，对教师阅读指导能力的研究一直比较薄弱。通过不同形式、不同层面的专题探讨，教师的教学视野不再只局限于课堂，教师们多途径交流和学习如何解决指导学生课外阅读读什么书、怎么读等棘手问题，同时对如何区分任务性阅读与积累性阅读、阅读与习作的有效整合等也进行了较深入的研究。

四、研究思考

（1）虽然部分学生已经掌握了自主、有效的阅读方法，但由于各种各样的因素，如孩子自身或教师、家庭的支撑不够，还有学生仍未掌握自主、有效的读书方法。同时，研究中注重从整体上推动学校课外阅读活动的开展，提高学生课外阅读的能力，但对特殊学生群体、特定阅读目标的研究还不够深入细致，有待继续加强个案研究，建立阅读个案追踪，进行更深一步的智慧阅读专项研究。

（2）阅读能力的形成与提高是一个长期渐进的过程，不可能一蹴而就。一线教师还应在阅读课上，积极倡导自主、合作、探究的学习方式，充分利用现代信息技术手段，开阔学生视野，增强学生能力，努力构建科学、规范、有效的小学阅读指导模式，形成真正切合本校、本班学生实际和教师特点的阅读指导体系。

（3）实施智慧阅读指导策略研究使每个学生得到更多课外拓展的机会，学习兴趣与潜能得到发展，各层次的学生都有不同程度的发展。但优等生原有的基础夯实，视野更开阔，发展速度更快，从而加速了班级的两极分化。在课外阅读实践活动中，学生的个体差异、个性差异表现得更为明显。如何照顾不同层次学生的发展需要，使他们都能在阅读活动中最大限度地受益，也是困扰研究教师的一个难题，需要在日后的教学实践中作更深入的思考。

综上所述，阅读对一个学生的成长起着至关重要的作用，让学生进行大量有益的课外阅读，借助丰富的人类文化精品滋养他们的心灵，丰富他们的课余生活，拓宽他们的人生视野，无疑是使学生终身受益的重要措施。所以，加强对学生智慧阅读兴趣的激发，有效地进行自主阅读策略方法的指导，充分开发和利用各种阅读课程资源，实现指导阅读和课外自主阅读教育的衔接和整合，其意义在于用文化的魅力、语文的魅力、教师自身的魅力去吸引学生；探索指导语文课外阅读有效性的策略、方法，使学生形成良好的阅读习惯和阅读品质，增强学生的语文综合素养和人文素养，开阔视野，丰富积累，发展思维，提高阅读能力，从而促进语文学习的全面进步，为学生的终身学习打下良好扎实的基础！

在思想冲击交汇、文化碰撞融合的今天，让学生的能力和素质得到全面的锻炼和发展，已被摆在教学的首位；让学生甩掉沉重的课业包袱，拥有足够的时间、空间去尽情"咀嚼""拥抱"人类传承千古的文化精华，是教育的大势所趋；"使每一个学生在书籍的世界里有自己的生活"，是每一位教师、每一个家庭、每一个国家、每一个民族千百年来不变的教育梦想。

愿每一位教师、每一所学校、每一位家长都来做儿童智慧阅读的"点灯人"，愿大家的共同努力与付出使阅读的春天常在！

活用教材，落实新理念

当新课程以全新的理念走进学校、走进课堂时，教师们做出了积极的应答。他们明白：新课程改革不仅仅是换一两本教材，而是一种教育思想和理念的更新。不管任教者使用的是新教材还是老教材，都应该遵循以下两个原则：

1. 活用教材的基础是尊重教材

在第四届全国青年教师阅读教学大赛的总结会上，崔峦老师指出：我们要否定以课本为中心，但也要注意，课本仍是教学的重要凭借，不能忽视对课文的学习。活用教材并不意味着我们拥有任意篡改或抛开教材的权利，它应以尊重教材为基础。如果教师们不认真地钻研教材，就不能准确地把握教材，"活用"也会变得没有意义。

2. 活用教材的目的是为学生的发展服务

教师在尊重教材的基础上，创造性地理解和使用教材，是为了使学生的学习活动变得更生动，从而达到为学生的发展服务的目的。

只要我们做到了，就能真正从思想上、行动上主动走进新课程，成为新一轮课改的实践者、研究者和开发者。下面结合我校开展的教学研究情况，谈谈其在学科教学中的具体体现。

一、创设有趣的学习方式，让学生喜欢学

"兴趣是最好的老师。"由于小学生的年龄和心理特点，只有开展丰富多彩的课堂教学活动，才能真正寓教于乐，调动学生的求知欲和好奇心，如一、五年级的英语课，教师将授课内容融入唱歌、玩游戏、故事表演等小朋友喜闻乐见的形式中，使他们积极、主动地参与学习。语文课《五彩池》教学伊始，教师便以"假如你是一名游客，会看到怎样的情景？"为题，用旅

游者的角色转换，激发学生的创造热情。这不仅吸引了学生的注意力，调动了他们的学习兴趣与热情，而且极大地丰富了课堂的人文情趣。

二、教学内容生活化，让学生主动学

新理念让我们清楚地认识到：小学生学习的知识应是生活中的内容，是学生"自己的知识"。教学只有在生活中才富有活力与灵性。学科的教与学应该回归于生活，注重现实体验，变传统的"书本中学知识"为"生活中做学问"。虽然教材中的例子也源于生活，但与学生的已知经验相比还有一定差距。因此，我们应努力做到将教学内容熟悉化、生活化，让学生感到学问就在身边，是真实有趣的，并不高深莫测。例如，作文一直都是学生们最怕的一门课程。老师在设计《画灯笼》这节课时，大胆跳出课本的框框，以新颖有趣的活动，创设主题情境，让学生在想学、乐学的氛围中学写作，使孩子们明白生活中的每样事物都是写作的素材。数学课《组合图形面积的计算》，把数学融合到实际生活中，让学生动手找一找身边哪些物体的表面是组合图形，并以学生熟悉的中队旗为例，以小组学习的方式进行组合图形面积计算方法的探究。音乐课《快乐的时钟》恰当地把学生生活中对钟表的认知融入音乐欣赏活动中，让他们体会到音乐其实也来源于生活的积累。

三、创设动态生成课堂，让学生探究学

教材往往把知识以定论的形式直接呈现在学生面前（学生看到的是思维的结果，而不是思维的过程），传统型教师想的是如何把问题讲清楚，创造型教师想的却是如何使课本知识"活"起来。他们针对学生的心理特点和已有知识背景，对教材内容进行科学的处理，引导学生对知识发生、发展的过程进行思维再现，形成可操作的教学思路。在《认识厘米，用厘米量》一课中，教师在引出长度单位时，以小白兔找大象伯伯做裤子这一事例引起学生认知的冲突，让他们切身感受统一长度单位的必要性。由此在课堂上呈现出："创设情境，发现问题—主动探究，合作交流—反思小结，内化知识"的教学思路。《认识平面图形》一课，通过设法印出机器人的脚印，到利用各种物体的侧面印出各种平面图形，深刻感知从摸得出形状的物体到摸不出的平面图形，加强了立体与平面的对比。

四、设计多元开放练习，让学生积极学

新的教学思想告诉我们：学生是学习的主人，教师是学习的组织者、引导者、合作者和研究者。学生学习的过程就是解决问题的过程。教师应该从学生已有的知识背景出发，恰当地设计问题，给学生充分提供进行学习实践和交流的机会，使他们真正理解和掌握学习的思想和方法，同时获得广泛的活动经验。例如，语文《富饶的西沙群岛》，如何老课新上？教师别具匠心地创设了"告别西沙群岛"这一环节，启发学生大胆想，尽情说，学生的个性魅力尽得张扬。美术课《我家的菜篮子》，以绘画引导学生关注生活美，让他们用自己喜欢的方法来表现自家的菜篮子。教材只要求画出我家的菜篮子，而老师却允许学生通过绘画、剪纸、橡皮泥等多种方式来表现，丰富了菜篮子的表现手段，激发了学生的表现兴趣。另一节品德与生活课的主旨"保护水，节约水"也没有停留在课堂上，而是让学生把所做的提示标语、画的宣传画及节水的好方法等，带到课外向家人和朋友宣传。教材虽是例子，但也会有不足。教师在使用教材时，要活用就不能以书为上。要善于大胆地发现不足，丰富、拓展教材内容，弥补不足，使学生的认识更加深入，达到学习素养的全面提高。

五、学科内容有机整合，让学生自觉学

叶圣陶先生说："教材无非是个例子。"它是学生学习的载体，而不是学习的目的。新理念要求教师不再是照本宣科的"教书匠"，应成为"用教材"而不是"教教材"的现代型教师。对现行教材中知识点的安排，教师应根据学生实际进行重新整合和筛选，既让学生自觉地学习，又能拓展学生的认知和经验系统，形成正确的学习方法。作为新开设的课程，综合实践活动《大自然的语言》让学生课前组织对天气谚语的调查，堂上小组汇报展示，并做"小小设计师"设计天气谚语卡片，既培养了学生的动手实践能力，又把学生对语文学科的理解和表达能力，美术学科的动手制作和审美表现能力，信息技术学科的搜集、整理能力等进行不同程度的综合；口语交际《保护有益小动物》也呈现出学科整合的特色，既有语言文字训练，又有自然科学渗透，更有行为情感熏陶。从而让学生形成知识、情感、技能、态度的信

息交流网络。

教材只不过是一本书，在每个孩子自身无比丰富的社会生活面前，可以渺小得微不足道。如果只按照教材的安排进行教学，教师讲到哪儿，学生跟着学到哪儿，想到哪儿，就没有了自己的思维，没有了自我发展的空间。反之，教师只要在尊重教材的基础上，创造性地理解、使用教材，为学生创设良好的自主学习氛围，让学生学有所依，学有所用，使教学为学生的发展服务，学生们就能真正成为学习的主人。我们相信：只要敢于解放思想，大胆尝试，积极探索和创新，就一定能让教育教学活动在新课标的指引下熠熠生辉。

"活化"素质教育　创新课堂教学

"素质教育"提倡尊重人的主体地位，强调发挥人的主观能动性，其根本在于催醒人的心灵，唤起人类对思维方式、价值取向、审美情趣等精神现象的自知、自悟、自觉，从而将人类与其他动物进行本质区分。

学校是培养人、教育人的地方，学校文化中很重要的一点即人文精神，它主要表现在对生命及个体独特价值的尊重，对自然、社会及文化优秀传统的关怀，对人的整体性和人性的认同，对不同观念合理性的宽容，对群体合作生活的真诚态度等。在我们的教学中，即要求教师对学校文化有一种自觉的追求，并具有自觉进行教学创新、教学开拓的能力。让学生以自己的手、眼去发现、去感悟身边的自然美、智慧美、传统美、现代美、生活美。让五彩缤纷的教学，在学生身上折射出人文的光芒，放飞他们理想的风筝；让校园里、课堂上——处处跃动着生命的火焰，处处流动着创新的芬芳，这是全体教师在创新素质教育教学过程中形成的共同审美价值取向和文化认同标准。

一、课堂创新，传递人文价值

1. 在共同探索中感悟

创新的课堂教学积蓄着一份智慧的美。把心灵催醒，让我们的孩子在共同探索中感悟智慧的灵光。当谜底揭开时，孩子们茅塞顿开的眼中，将会闪烁着智慧的光芒。新课标所提倡的"知识和技能、过程与方法、情感态度和价值观"三个维度，其本质是促进人的全面发展，课堂上的"热闹"，教学质量的"滑坡"绝不是新课程的达成目标。教学不是告知，而是在教学活动中引导学生"感知—判知—自知"。

136

例如，在数学课《认识厘米，用厘米量》中，教师在引出长度单位时，以小白兔找大象伯伯做裤子这一事例引起学生认知的冲突，让他们切身感受统一长度单位的必要性。由此在课堂上呈现出："创设情境，发现问题—主动探究，合作交流—反思小结，内化知识"的教学思路。以下为其中一个教学片段：

师：公园里有群可爱的小动物，大家想不想知道它们在干什么？（课件示小鸟图，声音）小鸟想知道数学书的宽有多长，你们能帮帮它吗？

生：量一量就知道了。

师：那好，请大家选一样自己喜欢的工具量一量，看看数学书的宽有多长？

（学生纷纷自由地选择用小棒、三角形、长方形、回形针、尺子、铅笔……试着量起来。）

师：谁来说说你量得的结果？

生：我量得数学书的宽有11个小正方形那么长。

生：我用了3根小棒量出来了。

生：我的数学书的宽大约有6个回形针那么长。

……

师：奇怪了，我们大家量的都是数学书的宽，但为什么结果会不一样呢？

生：我们拿来量的东西根本就不同嘛。

师：怎么办呢？

生：我们要用同一种东西量才行。

师生共同决定用小棒量，量出了一样的结果：数学书的宽大约是3根小棒的长度。

学生们在七嘴八舌的讨论中，明白了如果想量出来的结果一样，得用同一种东西量才行。

2. 在平等对话中创造

课堂上，在师生平等对话的过程中，才能闪烁流动一种生成的美，也是一个人的能力和智慧发展的内在要求。学生们学习的知识是生活中的内容，是"自己的知识"。教学只有不断创新才富有活力与灵性。以下是语文教学研讨课《青蛙写诗》中拓展延伸环节的一个片段：

师：小青蛙呱呱呱，小雨滴滴答滴答，池塘里的景色美极了。太阳公公看到了，也笑眯眯地赶来。你们这群小诗人谁可以用自己的话来夸一夸这样的美景？

生：早上，太阳笑眯眯的，荷叶张大了嘴，好像在笑，青蛙也不理了，坐在荷叶上呱呱地叫，好像在说："早上好！"

生：夏天，太阳公公照着小青蛙。原来，小青蛙正在和荷花姐姐、荷叶弟弟玩呢！看，它玩得多开心啊！小鱼在河里游来游去。这是一个多么美好的夏天啊！

生：夏天来了，小青蛙蹲在荷叶上呱呱地叫着，小鱼在水里快活地游来游去，池塘里的荷花长出来了。太阳公公也出来了。夏天真美丽啊！

生：夏天来了，青蛙在荷叶上晒太阳。荷叶问他："你在做什么？"青蛙回答说："我在晒太阳。"它们说着，天空中的太阳也自言自语地说："真是一个美好的夏天！"

生：夏天到了，动物们醒了，小朋友们也高兴地到花园里玩耍，太阳露出笑容来到小池塘，看见快活的小青蛙在呱呱地叫着，好像在说："夏天真美呀！"小朋友也高兴地说："夏天真好！"

生：一个阳光明媚的日子，青蛙叫起来了，太阳也出来了。美丽的荷花躺在水里，像可爱的宝宝躺在摇篮里，舒服极了。

生：夏天到了，小青蛙出来了，太阳照着小青蛙。热得小青蛙哇哇大叫。荷叶上的露珠被大太阳蒸发了。夏天真是美极了！我要把它拍下来做留念！

生：夏天来了，太阳出来了，池塘里的水满满的，荷花开了。我看见了清清的水，游来游去的小鱼，哇哇叫的小青蛙，多么美好的夏天啊！

"处处是创造之地，天天是创造之时，人人是创造之人。"——课堂教学应该为学生营造良好的"知识场"与"情感场"，使学生真正成为学习的主人、发展的主人。在这样的"场"中，创新的火花不时闪现，情感的源泉不断涌现，学生可以充分地想象、尽情地表达。任何一本教材都有其局限性，教师要善于大胆地引导学生发现不足，丰富、拓展、创新学习内容和学习方式，使学生的认识更深入，使课堂不仅仅局限于课室、校内，而让学生走进更广阔的生活大舞台、大课堂。

3. 在才华展示中收获

创新的教学，闪烁着璀璨的光辉，以人类智慧的美，深深打动了学生的心。叶圣陶先生说："教材无非是个例子"，它是学生学习的载体，而不是学习的目的，教师不再是照本宣科的"教书匠"，而必须成为引领学生探索知识迷宫的"导航者"，主动成为学生学习生活的"创设者""创新者"。教是为了不教，教师要由编写"教案"向编写"学案"转变，由研究教法向研究学法转变，由关注书本向关注学生的生活经验转变。

作为新开设的课程，综合实践活动课——《大自然的语言》让学生自行组织，在教师的指引下，对天气谚语、季节变化、特征等进行小组调查，课堂上小组汇报，为学生搭建展示平台，并倡导人人做"小小设计师"，自行动手设计天气谚语卡片，既培养了学生的动手实践能力，又把学生对语文学科的理解和表达能力，美术学科的动手制作和审美表现能力，信息技术学科的搜集、整理能力等进行不同程度的综合。

美术课《我家的菜篮子》，将美术课上到课堂外，以绘画引导学生关注生活美，让他们用自己喜欢的方法来表现自家的菜篮子。教材只要求画出我家的菜篮子，而美术老师却创造性地允许学生通过绘画、剪纸、橡皮泥等多种方式来展现自己的创意，表达自己的想法，极大地丰富了菜篮子的表现形式和手段，激发了学生浓厚的学习兴趣。

教材只不过是一本书，在每个孩子自身无比丰富的社会生活面前，可以渺小得微不足道。如果仅仅按照教材的安排进行教学，教师讲到哪儿，学生跟着学到哪儿，想到哪儿，就没有了自己的思维，没有了自我发展的空间。教师只有站在"心意文化"的基石上，勇于为学生们创设自我认识、自我展示的大舞台，才能使"课堂"真正为学生的成长、发展服务，学生们才能真正成为时代的领跑者。

二、德育创新，拓宽教学外延

学校打造校园文化，是为了实现文化的自觉，如反映在德育上的文化自觉则表现为：德育不是灌输，而是关注人的自身，以"满足人的精神需求"和"自我发展"为目标。在校园文化的引领下，学校里的教师深刻认识到教育的最终根本是让学生学懂知识，学会做人，知与行要辩证统一，并把这德

育理念渗透到课堂教学之中。

1.树"大教育"观，渗透行为准则

除了常规德育教育，在日常教学中，对学生进行德育渗透，经常被认为是班主任的事，是思政课、班队课、道德与法治课的"主打"任务。其实，新课程标准理念下的学科教学，除了学科自身的知识点不同外，无论是学法还是教法，都有融合性、共通性，这就要求我们教师必须形成共识，牢固树立"大教育"观：明白校园时时育人，事事育人。同时，基于校园文化的人文价值观也明确指出：要在教育中培育孩子的人文价值观必须从身边的小事入手。因为对生活真正产生决定意义的，都是身边的点滴小事。这种小事里面有着非常清晰的脉络，直接解救每个"沉沦"的灵魂。

例如，在低年级的体育课上，教师带学生们一起玩"穿过小树林"的游戏，可是有的学生在玩时不遵守游戏规则，态度不端正、不诚实；有的一边跑一边破坏"小树苗"；有的干脆懒得参与，玩不玩无所谓，出现消极情绪。虽然表面看来这与体育教学的目的无关，但教师并没有漠视课堂上的这些细节。而是用耐心说服，谆谆诱导的方法，让学生明白同伴之间玩游戏要互相关心、谦让，才能避免身体受伤，不能为了自己赢而不顾一切，大家要团结才能玩得开心又锻炼好身体；同时，由游戏又引申到小树与人类的密切关系，教育学生应该关心爱护自然界的小树，为绿化大地尽一份力；对那些体力较差或不愿参与游戏的同学更应特别留意，要及时关心和鼓励他们积极参与游戏，尽情享受与同龄人玩耍的乐趣。教师以不漏一个人，共同进退为原则，培养孩子齐心协力的精神，从而学会关心身边人，加强班集体意识。在这样的人际情境和游戏情境中，不仅培养了学生热爱体育、热爱教师、热爱同伴的情感，更提高了学生从小与人友善交往的道德本质。

2.实践深化，养成道德风范

"实践是检验真理的唯一标准"——新时期的道德教育不能仅仅挂在嘴上，而应以行为来检验。成功的校园文化是依附在行为中的，是通过行为来体现的，文化的观念形态也要通过行为形态来表现。对小学生而言，年龄小，认知有限，良好的行为习惯更多在于亲身体会，细心培养，而不是单纯地说教。

如在班队课上经常说要孝顺父母，体谅父母的辛苦，不刁蛮、不任性，可现代的独生子女们说起来头头是道，做起来却不尽然。借母亲节来临之际，教师给学生布置了一道特殊的"护蛋"作业——让每个学生把一个生鸡蛋保护一个星期而尽量不打破。要求无论是吃饭睡觉，还是上学回家，都要随身携带，精心呵护，并坚持天天用几句话写下"护蛋日记"，记下自己的体验和感受。一周后，学生们情况各异：有的一开始鸡蛋就破了，有的保护了两三天还是打破了，有的却将"胜利果实"安然无恙地保护到最后。对这次作业，学生们表现出极大的热情。他们为了保护这枚小小而又脆弱的鸡蛋，想了很多办法，如给它起个好听的名字；给它专门做个温暖的家，随时提着它，让鸡蛋平平安安。对此，学生不但没有丝毫的畏难情绪，而且所写日记内容充实，生动感人，字里行间透着学生自己真真切切的生活体验。有学生写道："以前是妈妈时时处处照顾我，现在该轮到我照顾这个小鸡蛋啦！"还有学生兴奋地写道："我每天都在小心谨慎中度过，今天是最后一天，鸡蛋平安无事，我真高兴啊！"看来小小的鸡蛋发挥了它特殊的作用。这次"护蛋"作业既增强了学生的责任感，又培养了学生的办事能力，更重要的是使学生亲身体会到父母养育他们的艰辛不易和教师培育他们的苦心，充分达到了教育情意知行合一的目的。

三、行动展示，彰显教学成效

学校在深化素质教育的过程中，以文化为基点，注重人的心灵感受和体验，心理认知和认同，充分体现了"情感决定态度，态度反映观念，观念形成品格"的教育理念。人文精神的终极目标是"张扬个性，完善人性"。学校文化是培育人文精神的心灵家园，而人文精神是促进人自身发展的文化沃土。我校的创新教学注重从学生已有的生活经验出发，用他们的感受、兴趣爱好和活动方式来建构自己的知识模型。随着课程改革"三个维度"教育教学目标的深入，基于文化"情—知—行"的和谐统一，我们在教学创新活动中，大力推动以实现学生综合发展为目的的主体实践活动，重视给予学生接触社会、动手实践、体验成功、展示收获的机会。

1. 融合新鲜元素，搭建交流平台

如在数学学科教学方面，我们提出了《小学数学师生学习成长网络日志》的研究开发课题，并将之运用到实际的教育教学活动中。"数学日记"，是数学学习中一种重要的表现性评价，它营造了一种轻松的学习气氛，让学生有机会把数学与生活充分联系起来，体验到数学就是生活，而且内容体裁的开放性，拓宽了学生的学习空间，让学生的多元智能发展有了"肥沃"的生长土壤。随着智能化、网络化的全面普及，以其作为一个写作和记录的信息化新鲜元素，可让学生适时地写下自己在学习中的所见所闻、所思所想；最重要的是它的"共享"功能，让每个人在分享与交流的过程中，对同一信息有着更多不同的理解和更深入的认识，实现"人人都能在数学上得到不同的发展"。为此，我校数学科组把"数学日记"和网络有机结合，对其实施于数学学习中的功能和作用展开深入研究，为学生学习数学搭建了一个有效的交流平台。

例如，当三年级的学生学完介绍时间的单位"年、月、日"后，一个学生在网络日志上记录：时针走一圈是12小时，一天里它要走两圈，所以一天就有24小时。但我发现古时候一天只有12个时辰，也就是说，古代的一个时辰就等于现在的2个小时。其他浏览过这位同学网络日志的学生受到启发，好奇现在的人是用日历看时间，但古代的人没有日历怎么办？于是找来了我国古代有关历法的知识；还有同学想弄明白为什么整百数的年份，判断它是平年还是闰年，不能除以4，而要除以400？……这些看似和课堂教学无关的问题，上至天文，下到地理，竟一下子被一个小小的数学问题牵引出来。通过在网络日志——这个个性舞台上的畅想交流，不但扩大了学生感悟知识的来源，更加快了知识积累的速度。小小的网络日志，为学生搭建出知识交流、智慧碰撞、风采展示的精彩舞台。

2. 拓宽生活层面，捕捉表达契机

文化强调关注人的心灵，关注人的发展，在教学中即为关注师生在"做"中的体验感悟，达到"情—知—行"的完美结合。比如，在语文教学中，学生最害怕的就是写作，提起笔就犯难，觉得无话可说。其实，学生的学习生活是广阔的，并不仅仅局限于课堂、书本。这就需要教师去引导开发，帮助学生拓宽学习的渠道、学习的外延。现就我校语文学科开展"诗化生活——儿童诗歌写作"的教学方法略举例一二：

（1）游戏引路：游戏伴随着每个孩子的童年生活，能有效刺激孩子们的感官去看、去听、去想，能充分调动他们的情感去体验，从而留下深刻的印象，产生表达的强烈欲望。另外，游戏本身也给学生们提供了写作的素材，使学生们能随心所欲地进行记录，写的同时也是一个充满了欢乐回忆的过程。有一次，教师与学生们一起玩"吹泡泡"的游戏，学生们玩得津津有味。有一位学生后来写了一首小诗记下此事，语言生动有趣，并发表在《现代小学生报》上："轻轻吹，泡泡冒了出来，像高兴的泪珠，闪闪发光；用力吹，泡泡飞了起来，像蒲公英的小宝宝，离开妈妈；一起吹，变成七彩的海洋，小朋友们像鱼儿，游来游去；边跑边吹，变成一条直线，一路充满了我们欢乐的笑声……"

（2）生活引路：语文的外延等于生活，生活是诗歌的内涵，是诗歌的核心，生活的多义性使获得意象的途径异常宽阔。大自然是最好的老师，蕴藏着无数的秘密。教师只要积极搜集和开发新诗学习资源，就能启迪学生的诗情、诗意。如一年级的学生在学习了《秋天》一文后，教师带他们走出课室观察秋天，记录自己的所见所闻。有个学生就以诗的形式写下了《秋天的色彩》："秋天是黄色的，秋风吹来，黄叶飘飘。秋天是红色的，秋风吹来，果子通红。秋天是蓝色的，秋风吹来，吹得天空特别蓝。秋天是金色的，秋风吹来，吹得稻子金灿灿。秋天是绿的、白的、紫的……秋天是五颜六色的。"

3. 开发校本教研，提供展示空间

"综合实践课程"作为一门综合型的学科课程，具有强大的学科整合能力，是师生深化素质教育研究的"沃土"。这几年，我们依托学科课程，重点进行了以"走进绿色世界"和"学会关心"为主题的两个校本教研活动。

以"走进绿色世界"和"学会关心"为研究主题的综合实践活动，为全校一年级至六年级共24个班集体的学生们提供了更为广阔丰富的学习天地，让学生们有话可说，有事想做，用学生的眼睛去发现、去求证，用学生的思维去思考、去寻找，用学生的双手去记录、去描绘。24块展板，24个舞台，充分表达了学生们对生活的热爱，对成长的思考，用自己稚嫩的双手在德兴小学这块大草坪上植下属于自己的绿荫！亲身经历活动的过程，激起了学生们的兴趣，满足了学生们的好奇心，享受到体验的乐趣；在研究的过程中，学生们获得了成果，找到了答案，一种愉悦感、成就感油然而生，从收获中享受到探究之乐；在展示交流的过程中，形式多样的活动，使学生们在轻松、愉快、和谐的状态中接受知识，探索的欲望在体验中萌生，成功的喜悦

在交流里涌动。

综合实践活动课程的开发，使学校全体师生拥有了知识的"真心拥抱"，在富有"探索精神"的"走进绿色世界"活动中，在富有"人文精神"的"学会关心"系列活动中去体验五彩斑斓的生活，去实现心灵与心灵的沟通融合。

德国著名教育家福禄贝尔说过这样一句话：亲身体验生活，才是真正的教育。通过这一系列的活动开发与展示，让人们看到了我们的品质、我们的追求——让孩子们在美的环境中形成美的品格、美的情操和学会创造美的能力；让孩子们在生活中学习，在学习中生活，在活动中体验人生的意义，在未知世界中去发现美，体验美，创造美！

四、"活化"素质教育的价值体现

通过"活化"素质教育，学校从深层次促进了学生知识、情感、行为的全方位发展，逐步形成文化自觉，并以此为基础，发展形成了具有一校一品特色的文化品牌。立足于积淀学校文化的创新教学体现了新课程标准的基本特色，体现了素质教育的基本宗旨，并使宏大的素质教育目标体系更明确、更具体、更具可操作性。其作用主要体现在：

1. 促学生的个体发展

学校文化的动态发展过程就是人的自我完善过程，其目的在于促进人"个性发展和人性的完善"。教育观念现代化的主要标志之一，是强调给学生自主参与的机会，给学生一个研究、探索、展示智慧的空间，让学生运用所学知识进行实践体验，解决一些简单的实际问题。通过搭建基于学校文化的学习展示平台，让学生的"情—知—行"和谐统一，其主体能动性得到充分调动、充分发挥，真正达到"教是为了不教"的目的，从而实现人的终身教育发展观。

2. 促教师的专业成长

学校文化与创新教学的有机融合不仅培养锻炼了学生的能力，更成就了教师的职业满足感，促进了全体教师的专业成长之路。教师的专业成长是一个终身学习的过程，是一个不断解决问题的过程，是教师的职业理想、职业道德、职业情感、社会责任感不断成熟、不断提升、不断创新的过程。教师实践探索学校文化的过程，就是主体具有独立批判且能动的再生产过程，所以，学校文化积淀的过程，也是教师专业成长的过程。有教师在自己的教学反思中记下了这样一个片段——在上品德与生活课时，学生对植物生长特别感兴趣！一上课，就叽叽喳喳地问："老师，豆芽是豆子发出的芽吗？""豆芽为什么要用水来发，而不用泥呢？""如果绿豆种在泥里面，也会一样发豆芽吗？"面对这种活跃的课堂气氛，我干脆先给15分钟时间让他们好好发问。说实话，我对这些问题也不是很清楚！可又不想含糊地一带而过，干脆让我和学生一起，自己亲手去做做，开展一个《青青小豆芽》的综合实践活动吧！我们通过拓展延伸学校文化的办学理念，让教师的思想在对话交流中传递并增值；通过提炼积淀科研课题，让教师的素质在学习活动中锻炼并提升。以创美学校的共同愿景，将教师的思想和行为统一到学校发展目标上来，使之成为教师专业成长的有机养分。

3. 促教学的科研提升

立足学校文化开发课题，研究课题，践行课题，使课题源于学校的品牌，源于学校的特色，源于学校已有的发展过程，它以校长为核心、教导处牵头，从管理、德育和教学三条主线全面展开研究，真正触动了每位教师的教改神经，让他们人人参与课题，个个有研究方向。其课题研究催生了一批科研型教师的成长，也为学校教学科研的开展输送了源源不断的新生力量，通过提高教师的教科研水平，整体推动学校的教科研水平迈上了一个新台阶。

4. 促学校的品牌内化

学校文化作为学校品牌的重要载体，在番禺区及周边地区产生了深远影响。他们先后到我校参观交流，了解我校教科研课题的研究开展情况。而基于学校文化的创新教学系列活动，更将其理论精髓巧妙运用到日常教育教学工作中，使学生、家长、教师成为真正的受益者，使课题研究不再是高高在上的"象牙塔"，不再是曲高和寡的"阳春白雪"，而是真正渗透到校园的每一个角落，成为全体师生自信成长的生命源泉，成为学校提升教学质量、铸造优质教育品牌的原动力。

"活化"素质教育，创新课堂教学，使学校的教育教学迸发出巨大的生命活力，只有生命的活力得到有效发挥，才能真正有助于学生的培养和教师的成长，课堂上才有真正的生活。只有在这样的课堂上，学生才能点燃智慧之

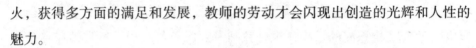

火，获得多方面的满足和发展，教师的劳动才会闪现出创造的光辉和人性的魅力。

每一次活动的结束，并不意味着教育的结束，也不意味着儿童认识的终结。德育、智育、体育、美育、劳动教育在校园这个大文化场里就这样轻易地融合；学校、家庭、社区三位一体的强大教育网络就这样和谐地构建；孩子良好的习惯、审美的情操就这样自然而然地形成！

第三辑

创新课堂

光彩重生

童言·童趣·童真

——《一个接一个》教学设计

【教材分析】

《一个接一个》是统编版小学语文一年级下册第二单元"心愿"主题单元的第三篇课文。本课是一首儿童诗，是日本童谣诗人金子美铃的作品，作品纯朴自然，充满童真童趣。本单元的重点是找出课文中明显的信息，乐于和小伙伴交流阅读感受，培养学生的阅读理解能力。

本课12个会认字中有新偏旁"单耳旁"。要求会写的7个生字中有新笔画"横折折撇"，教师应重点示范，帮助学生掌握新笔画的书写要点，重点强调"走之旁"的字笔顺规则是先内后外。课后第一题应渗透在课堂教学中，引导学生用课文的语言说一说，乐于分享自己的经历。第二题"读一读，记一记"中要引导学生扩词积累词语。

【学情分析】

通过一个学期的学习，一年级学生已经有了一定的汉字积累量，能借助拼音进行自主识字和阅读。这首儿童诗对于一年级这个年龄段的小朋友来说简明易懂，学生只需多读几遍就能了解内容，但遇到不顺心的事可以怎么调整心态，保持积极乐观则是难点。低年级孩子在辨认汉字时通常不善于把笔画、部件等元素组块进行感知，对课文朗读的节奏把握比较吃力。因此在教学中指导学生辨认字形，正确书写笔画，引导学生走入课文所描述的情境当中，尊重学生的主体地位，以读为主，读好词语和句子的节奏，注意不连读、唱读、读破句，既是重点，也是难点。

【教学策略】

针对一年级学生的身心和学习特点，在本课的教学中，注重培养学生的学习习惯、阅读习惯、积累习惯、迁移习惯，切实培养学生的语文素养。因此，在识字写字教学中，注重引导学生掌握"一字组多词"和多种识字方法；教师充分发挥书写示范作用，指导学生把字写得规范、美观，养成良好的写字习惯。在阅读教学中，把朗读作为学习课文最有效的方法，引导学生读准字音、读通句子，在朗读的基础上提取明显的重要信息去体会课文人物的思想感情，理解人物的心理活动。

【教学准备】

教学多媒体课件、希沃软件、学习单。

【教学目标】

（1）认识"接""再"等12个生字和"单耳旁"1个偏旁，读准多音字"觉"的字音；会写"过""各"等7个生字和横折折撇1个笔画。

（2）学习用普通话正确、流利、有感情地朗读课文，读好长句子，学会提取课文中的重要信息。

（3）感受"我"的"乐观"，拥有积极的心态，愿意和同学分享自己的经历。

【教学重难点】

重点：会认12个生字，会写7个生字；正确、流利、有感情地朗读课文，读好长句子，学会提取文中明显的信息。

难点：感受"我"的"乐观"，拥有积极的心态，乐于与同学分享自己的经历。

【课时安排】

2课时。

第一课时

【教学目标】

（1）认识"接""再"等12个生字和"单耳旁"1个偏旁，读准多音字"觉"的字音；会写"各""种"等5个生字。

（2）正确、流利地朗读课文，初步感知课文内容。

（3）结合习题二，引导学生扩词积累词语。

【教学重难点】

（1）学习本课生字词，结合课后题扩词积累词语。

（2）正确、流利地朗读课文，初步感知诗歌大意。

【教学过程】

略。

第二课时

【教学目标】

（1）认识新笔画横折折撇，会写"过""这"2个生字。

（2）正确、流利、有感情地朗读课文，读好长句，学会提取文中明显信息。

（3）感受"我"的"乐观"，拥有积极的心态，乐于与同学分享自己的经历。

【教学重难点】

重点：正确、流利、有感情地朗读课文，读好长句，学会提取文中明显信息。

难点：感受"我"的"乐观"，乐于与同学分享自己的经历，拥有积极的心态。

【教学过程】

一、字谜游戏，激趣导入

（1）猜字谜：我们孩子呀最喜欢玩猜字谜的游戏了！今天我给大家带来一个字谜，请认真看，动脑猜，谜底到底是什么？会的可以一起说出来。

出示字谜：取走。（趣）真会猜，你能给它找个词语好朋友吗？（有趣、趣事、兴趣、乐趣）

师：小朋友真厉害，帮"趣"字找了一个又一个好朋友，今天我们接着学习这首有趣的儿童诗《一个接一个》。出示课题，板书粘贴课题。

150

过渡：还记得上节课学习的词语吗？

（2）复习词语。

① 开火车读：
jiē　　　 què　　　 zuò　　　　 huǒ bàn

接着　　 却是　　 做梦　　 伙 伴

jiào　　 gè zhǒng　　 gè yàng

睡觉　 各 种　　 各 样

zhè　　 qù

这样　 有趣

zài　　 yě

再见　 也是

师：声音真响亮，小火车开得又快又稳！谁的火眼金睛发现老师每一行标红的生字宝宝在结构上有什么规律吗？（左右结构、上下结构、半包围结构、独体字。）真厉害，你拥有一双会发现的眼睛。原来按结构来识字也是一种学习方法哦！你们这么会学习，小鸟也带着词语来表扬你们，请你们放飞小鸟吧。

② 齐读：接着 却是 做梦 伙伴 睡觉 各种各样 这样 有趣 再见 也是

过渡：读得既准确又响亮，老师迫不及待想听你们读课文了！

【设计意图】新课标指出："学生是学习的主体。语文课程必须根据学生身心发展和语文学习的特点，爱护学生的好奇心、求知欲。"猜字谜的形式导入课题，使学生兴趣盎然地进入教学情境，激发学生的求知欲。另外，低年级学生对生字的学习是感性的，识记很快，但不是很扎实。通过复习词语，巩固了对课文生字词的练习，为下面的学习打好了基础。

二、通读全文，厘清脉络

（1）同桌合作朗读课文。

师：读课文之前老师有个要求，这一节课老师不仅要求你们把字音读准确，句子读通顺，还要边读边思考："我"到底遇到了哪些事情呀？请打开语文课本第21页，同桌合作朗读课文，开始吧！

（2）厘清脉络。

要想知道"我"到底遇到了什么事情很简单，现在我们来玩一个小游戏，同学们先把要求听清楚：二人小组先一起读一读小纸条上的词语，接着按课文顺序摆一摆、贴一贴，最后一起美美地读一读。清楚要求了吗？纸条就藏在信封里哦，请组长把信封和学习单拿出来，开始吧！

<u>正玩着踩影子</u>，<u>却要快回家睡觉</u>！

<u>正做着好梦</u>，<u>却该起床上学啦</u>！

<u>正玩着跳房子</u>，<u>却响起了上课铃声</u>。

② 小组展示：哪个小组来展示你们的学习成果？展示的机会送给你们组。（请一个小组展示，师相机板书粘贴对应的事件。）展示的同学大方有礼貌，下面的同学倾听认真，还送上了鼓励的掌声，真喜欢你们。那，同意这个小组的请举手，哦，全对了，太棒啦！

③ 小结：（师梳理事情并标注箭头）是呀，通过合作，我们知道了文中的"我"正玩着踩影子，却要快回家睡觉！正做着好梦，却该起床上学啦！正玩着跳房子，却响起了上课铃声。事情就是这样一个接一个（学生齐读课题）。请你们把信封和学习单送回抽屉里。

过渡：这么多事情，我们接下来看看第一件事。

【设计意图】读通课文是语文学习的基础，初读课文要求不添字、不漏字、读准确，然后是读得流利通顺，这样才能为理解诗歌内容，"读得有感情"打下基础。其次，根据年段和单元学习重点，引导学生提取文中明显信息，厘清文章脉络，培养句的意识，扎扎实实进行语言文字的训练。

三、学习第一小节，品读感悟

（1）出示第一小节，学生自由读。

（2）理解"大人"并演绎朗读。

师：哎呀，这个大人可能会是谁呢？请你来说一个。还有谁？

师：原来大人有这么多啊，谁来当当大人叫孩子回家睡觉？

生：我当爸爸……

师：哦，这个爸爸比较严肃。

生：我是妈妈……

师：这个妈妈很温柔。

生：我做爷爷……

师：嗯，这是一个挺凶的爷爷。

生：我来当奶奶……

师：哦，奶奶的语气有点着急呢。

生：我是姥姥……

师：这个姥姥有点害羞哦。

当最后一个发言的学生读完后，教师直接问坐在旁边的一个小女生：听到大人这样叫你，当玩儿得正高兴的时候却突然叫你回家睡觉，你会怎么想呀？

生：唉，我多想再玩儿一会儿，真不想现在就回家睡觉。

师：我听出来了，你还想玩儿，你有点无奈，有点不情愿，被打扰了有点不开心了……所有的孩子呀，可能都是一个想法。

（出示句子：唉，我好想再多玩儿一会儿啊。）

（3）练读"唉"：师范读、学生练读、一列小火车指名读、男女赛读。

师：老师就是那个无奈的孩子，我也想来读读这个句子。范读：唉，我好想再多玩儿一会儿啊。你们自己读一读。再随机指名请一小列学生读，相机指导评价：（我听出来了，你还想玩儿，有点无奈，有点沮丧，有点不情愿，被打扰了有点不开心……）请你来、你来……男生来、女生来。

师：唉，难道这个晚上要在叹气声中度过了吗？（生：不是！）

（4）读准转念一想之后的快乐、期待。直接出示最后一句齐读："不过，回家睡着了，倒可以做各种各样的梦呢！"

（5）理解"各种各样"。

师：做梦这么开心呀！如果是你，你会做哪些梦呀？

预设1：看得出你是个勇敢的孩子、爱冒险的孩子、探险家；你是个大胆的孩子；真是个活泼开朗的孩子；异想天开，很有意思呀；这是个美丽的童话故事梦……

预设2：你们的梦有的有趣、有的可怕、有的甜蜜，还有的快乐，这就是各种各样。

出示其他图片，帮助理解"各种各样"，请学生说一说。

师：谁先来挑战说一说？再挑战，继续挑战。

（不出示图片）师：加大难度，没有图片，这样你还能说吗？

师小结：原来"各种各样"可以用来形容这么多有趣又美丽的东西，以后

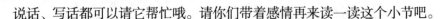

说话、写话都可以请它帮忙哦。请你们带着感情再来读一读这个小节吧。

（6）指导有感情地朗读第一小节。

【设计意图】第一小节是本课的学习重点，在文章结构和语句理解、语言感悟上是第二、第三小节学习的"模板"。因此，教师积极创设情境，引导学生想象练说，在生生互动、师生互动的合作交流、评价学习中，充分发挥学生的主体地位，指导学生开展有效学习，让学生在言语实践中真正提高语文能力。

四、指导书写生字："过""这"

（1）认识新笔画横折折撇：这个小节中还藏着我们今天要认识的新笔画横折折撇（相机板书新笔画），大家仔细观察，在写这个笔画时，短横起笔低，稍往上斜，往左下折，形成尖角，而后面的折撇写得自然圆转。我们一起来书空两遍。现在我们来写一写带有这个笔画的字：过、这。

（2）指导书写：强调书写的顺序，示范"走之旁"的写法，再写好整个字。

师：请你们观察一下，这两个字有什么相同的地方？（走之旁）对啦，我们先来看看"走之旁"的写法。"走之旁"像一只小船，分三笔写成：先在左上格起笔写点，点稍高，抬头有点小骄傲，第二笔的横从横中线稍高一点起笔，第三笔是平捺，起笔与"撇"相连，既不能分开也不能穿透。要写得舒展，注意起伏变化，这样"走之"就能写漂亮。接下来我们把"走之"送到生字宝宝里，出示"过""这"。有"走之旁"的字呀很有礼貌，先让"寸"字宝宝上了船，才开船送走他。把"寸"换成"文"就是"这"，提点识字方法"换一换"。请你打开语文课本第23页，描一个写一个，注意写字姿势。师巡视指导、借助多媒体展示、评价。

过渡：同学们写得一个比一个漂亮，一个比一个认真。文中的"我"接下来发生的事情也一个比一个精彩呢。嘘，我正做着好梦呢！

【设计意图】新课标强调："每个学段都要指导学生写好汉字，要求学生写字姿势正确，指导学生掌握基本的书写技能，养成良好的书写习惯，提高书写质量。"指导环节教师边范写边提醒学生除关注"走之"的整体布局，还要关注笔画细节，也就是每个笔画的书写要领，再让学生充分练写。日积月累，学生就会积累不少写好字的秘诀，汉字的写字教学也才能真真正正落到实处。

五、学习第二至四小节，读中理解

（1）学习第二小节。

① 出示第一句。师读前半句："正做着好梦，又听见大人在叫"，请一列三个学生读大人的话。最后一个学生说完直接提问另两个学生：正做着好梦就听到这句话你会怎么想呀？（预设：我好想再睡一会儿，还想做好梦，我不想起床，不想上学）生说，师相机评价。"我"也是这样想的呀，直接出示第二句，范读。

② 学习第二句：唉，要是不上学就好了。请一列学生读。师：我又听到了一个接一个的叹气声。但是，转念一想，出示第三句，齐读。

③ 学习第三句：不过，去了学校，就能见到小伙伴，多么开心哪！生齐读。

预设：同学们读得真快乐，有这样的小伙伴一起学习真开心呀！接下来"我"还会发生什么呢？出示第三小节。

（2）学习第三小节。

① 自由读一读，待会儿男生女生来比赛，看谁读得最好。

② 男、女生合作读：男生一行，女生一行合作读。请你们站起来读。

③ 学生自我评价：你觉得谁读得更好呀？你认为谁的朗读更值得你学习？

过渡：原来和小伙伴一起读书学习是件这么快乐有趣的事情。其他孩子也是这样吗？

（3）出示并齐读第四小节，注意读出疑问的语气。

预设：我听出来了，你们都充满了疑问。

【设计意图】文中第二、第三小节的诗意浅显易懂，在学习第一小节的基础上，通过教、扶、放的方法，引导学生通过各种形式的读，在读中理解，在读中感悟。因为读是学生与文本进行情感交流的纽带，其过程正是学生理解文本，领悟表达的过程，是心灵深处最长久、最童真的体验。

六、点拨"乐观"，拓展升华

（1）结合课堂学习单，引导学生回顾课文中"我"的心态变化。

师：那我们先来回顾一下课文中的"我"是怎么想的，师结合学习单内

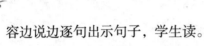

容边说边逐句出示句子，学生读。

①正玩着踩影子，却要快回家睡觉，出示句子："不过，回家睡着了，倒可以做各种各样的梦呢！"

②正做着好梦，却该起床上学了，出示句子："不过，去了学校，就能见到小伙伴，多么开心哪！"

③正玩着跳房子，却响起了上课铃声，出示句子："不过，听老师讲故事，也是很快乐很有趣的呀！"

（2）突破难点，点拨"乐观"。

师：孩子们，知道"我"为什么会这样想吗？为什么"我"的快乐一个接一个呀？

预设1：生说乐观。你真是一个会学习的孩子，小脑瓜特别聪明，和我们的诗人想的一样，都是那么积极乐观。相机板书"乐观"。

预设2：生说开心、快乐。对呀，他是一个特别开心快乐的孩子，遇到事情呀总会往好的方面去想，这就是乐观。相机板书"乐观"。

师：老师现在有点不开心，谁的乐观心态能帮助老师快乐起来？

①师读"唉，我好想再多玩一会儿"，生读"不过，回家睡着了，倒可以做各种各样的梦呢！"

②师读"唉，要是不上学就好了"，生读"不过，去了学校，就能见到小伙伴，多么开心哪！"

③师读"唉，要是没有上课铃就好了"，生读"不过，听老师讲故事，也是很快乐很有趣的呀！"

（3）迁移运用，拓展延伸。

分享经历：你有没有和"我"相似的经历呢？生活中你有没有正在做什么的时候被打断，但又能往好的方面去想呢？谁能按这样的句式说一说？先跟同桌说一说，再讲给同学们听。

预设：相似经历（搭积木、吃饭；看动画片、写作业；搭乐高、写作业；看书、扫地……）引导学生用课文的语言形式说一说。

正＿＿＿＿＿＿＿＿＿＿＿＿＿＿

就＿＿＿＿＿＿＿＿＿＿＿＿＿＿

唉，＿＿＿＿＿＿＿＿＿＿＿＿＿

不过，_____

预设：你的想法特别乐观，你真会想，真是一个积极向上的孩子，跟文中的"我"一样乐观。

（4）总结：是呀，生活中总会遇到各种各样的事情，有时候苦恼，有时候开心，但只要我们换个角度去想，往好的方面去想，积极乐观地看待，总会发现快乐的事儿一个接一个。

【设计意图】感受文中蕴含的积极乐观心态是本课教学的难点，对一年级学生来说既难理解又不易表达。因此借助学习单，抓"变化"梳理作者的心态转变，再结合学情，回顾全文适时点拨，引导学生突破难点。另外，如何引导学生敢于表达、乐于表达，在低年级教学中既是重点也是难点，因此借助课后习题，设计分享练说的环节让学生有话可说，把课内与课外，学习与生活联系起来，体会到拥有积极乐观生活态度的重要意义。

过渡：让我们再次走进课文，用自己喜欢的方式读一读课文，再次感受小作者的快乐吧。

（1）以自己喜欢的方式再读全文。

（2）学习背诵：这是一首多么有趣的童诗呀，让我们把它背诵下来。请你们从第一、第二、第三小节中挑选自己喜欢的一个小节来学习背诵，最后一个小节很简单，我们一起来背。开始挑战自己吧！

七、布置作业

（1）课后与爸爸妈妈或小伙伴们分享你的经历。

（2）去玩一玩踩影子、跳房子的游戏。

【设计意图】新课程理念强调要充分调动学生的主动性、积极性，促使学生的三维目标得到真正贯彻和落实。针对一年级学生的身心及学习特点设计作业，使学生有更多的表达机会，展示学习收获。此外，向别人分享相似经历的同时，也是展示学生对童诗理解、对文本进行再创作的过程。同时，语文作业的内容应是丰富多彩的，第二个游戏作业能引导学生回归生活，促使学生在游戏中加强彼此之间的情感交流，得到情感体验，真正做到人文关怀。

板书设计:

3 一个接一个

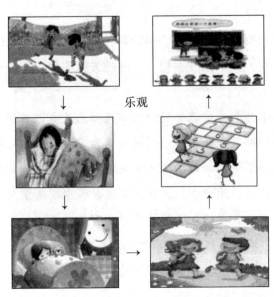

乐观

　　【设计意图】好的板书是一篇文章浓缩了的精华,是直观的教学方法,是课堂教学中师生双方互动的缩影,能直观形象地反映课堂教学的全过程。这样的板书不仅体现了课文的重难点,体现了本课的知识体系,帮助学生构建知识结构,也使学生能从板书上较直观地看到文中"我"所经历的事情,一看板书就能回忆起本课的内容,便于理解和掌握知识,利于学生记忆。同时也体现了课文内容与思维的同步,达到良好的教学效果。

夯实双基　以读促学

——《一个接一个》教学反思

《一个接一个》是统编版小学语文一年级下册第二单元"心愿"主题单元的第三篇课文。这首儿童诗，讲了一个小孩儿无奈又快乐的一天，表现了孩子积极向上、乐观的生活态度。教学中教师充分考虑本班学生的学习基础，以夯实双基、以读促悟为主线，力求在40分钟的课堂学习中，学生学得扎实有效又趣味盎然。本课的成功之处在于：

一、言语训练，扎实有效

1. 一笔一画，扎实练写

用猜字谜的形式导入课题，使学生兴趣盎然地进入教学情境，激发学生的求知欲。例如，指导书写环节我边范写边提醒学生除关注"走之"的整体布局，还要关注笔画细节，也就是每个笔画的书写要领，再让学生充分练写。日积月累，学生就会积累不少写好字的秘诀，汉字的写字教学也才能真真正正落到实处。

2. 一读一思，厘清脉络

读通课文是语文学习的基础，根据年段和单元学习重点，我让学生学会提取课文中明显的信息，同桌共读词语，合作完成学习单，梳理文章的脉络，厘清文中"我"所经历的事情，培养句的意识，扎扎实实进行语言文字的训练，这是本课教学的一大亮点。

3. 一句一仿，提高语感

没有模仿就没有创造。我以教材为例子，引导学生学习、运用语言。

例如，阅读第一小节最后一句"不过，回家睡着了，倒可以做各种各样的梦呢"后，我通过大量的图片，引导学生理解"各种各样"的意思，并练说扩词"各种各样的（　　　　　）"，拓展了学生的语言训练。又如，最后拓展"你有没有相似的经历"，引导学生仿照学习单，说说自己遇到的相似经历，让学生再次感受遇事从不同角度去思考所获得的快乐。

二、朗读积累，迁移运用

这篇课文前三个小节的结构和语言情感变化基本相同，第一小节的学习过程就是学习第二、第三小节的"模子"，通过由扶到放，学生模仿课文进行语言迁移运用，从而完成由书本语言到自我语言的读书内化的过程。

抓言语训练 内化核心任务

——《小毛虫》教学设计

【教材分析】

《小毛虫》这篇课文讲述了一条可怜又笨拙的小毛虫羽化成美丽的蝴蝶的过程。通过毛虫的羽化，告诉每个孩子不要因为自己不如别人而感到自卑、失望，要乐观、充满信心，要尽心竭力地做好自己的事。唯有这样，才能感受到生活的快乐和美好。

本文语言质朴自然，浅白易懂，用词准确丰富，描写生动细致，充满了人文气息和盎然的童趣。另外，课文还配有三幅色彩艳丽的插图：第一幅图中，小毛虫趴在叶片上探头探脑，好奇地打量着周围的一切。蚂蚁、瓢虫、蜜蜂等昆虫开心唱跳、欢快飞舞。第二幅图中，小毛虫织成茧屋，把自己裹了进去，耐心等待。第三幅图描绘了小毛虫变成轻盈的蝴蝶翩然而飞的美丽画面。三幅插图形象地呈现了小毛虫从结茧到羽化成蝶的变化过程，用好这些资源可以有效地帮助学生展开想象，发展思维，理解课文，讲述故事。

【学情分析】

二年级学生虽然年纪小，但也有一定的生活经验，同时对童话故事极感兴趣，对昆虫世界充满好奇，这使本课的教学有了很好的知识积淀和情绪积累。本班学生已养成良好的预习习惯，具有较强的自主识字能力，同时具备一定的朗读基础，但如何准确地理解小毛虫蝶变过程中的不同变化和细致心理，读出感情，还需要教师的有效点拨和引导。同时，低年级学生想象力丰富，正是培养形象思维的黄金时期，训练逻辑思维的起步时期，学生的观察、想象和口语表达、阅读理解等能力都有待在课堂学习中进一步训练强化。

【教学课时】

本课共2课时，本设计为第一课时。

【教学目标】

（1）正确认读"昆""怜"等15个生字，读准多音字"尽"，会写"整""抽""纺""织"等8个生字。

（2）正确、流利地朗读课文，理解故事大意，在阅读中理解并积累"生机勃勃""九牛二虎之力"等词语。

（3）能通过关键词句，理解小毛虫的变化，懂得在任何时候都不能悲观失望，要尽心竭力做好自己的事的道理。

（4）能运用"边读边思，展开想象，抓关键词句"等学习方法理解课文内容。

【教学重难点】

重点：认读生字，读通课文。

难点：感悟小毛虫的特点。

【教学过程】

一、观察图片，引入课题

（1）出示蝴蝶图片。师：今天，一位美丽的春之使者来到了我们教室。你们看——这是什么？

（2）出示句子。齐读：美丽的蝴蝶有一对轻盈的翅膀，上面布满色彩斑斓的花纹。

（3）出示小毛虫图片。师：再看看这是什么？它就是蝴蝶小时候的样子。你喜欢小毛虫吗？为什么？

（4）神奇的大自然把这两种外貌完全不同的昆虫紧紧联系在一起！小毛虫怎样才能变成美丽的蝴蝶？今天，让我们一起来学习第22课《小毛虫》。

【设计意图】分别采用"实物及多媒体图片"的方式引入，自然直观，符合低年级学生的认知特点，能迅速有效地激发学生的学习兴趣。

二、学习字词，整体感知

（1）自由轻声朗读课文。要求：借助拼音读准字音，做到不加字，不漏字，不改字。

（2）简单梳理自然段和故事大意，弄清课文讲了一件什么事。

（3）检查生字词读音，读准多音字"尽"。

（4）出示成语，检查读音。

【设计意图】学习生字词，读准字音，初步感知课文。有意识地列出课文里的成语，加强字词训练，既为读通课文夯实基础，又培养学生的好词积累意识，夯实双基。同时利用一句浅显易懂的话帮助学生梳理文章大意，发展思维，降低低年级学生的概括难度，培养言语意识，加强言语实践运用。

三、研读第1自然段，理解"可怜"

（1）这是一条怎样的小毛虫？我们走进课文去了解。请同学们自由轻声读课文第1自然段，出示研学要求：

①轻声读一读。思考：这是一条怎样的小毛虫？

②填空：这是一条（　　　　）的小毛虫。

③其他的昆虫在干什么？请用"——"画出来。

（2）学生自学，师巡视指导。

（3）汇报交流，抓关键词句理解。

A.学习小毛虫句，理解"可怜"，指导有感情地朗读。

B.学习昆虫句，对比理解"生机勃勃"。

C.抓住"……"想象练说，进行语言思维拓展训练。

（4）有感情地朗读，体会小毛虫的"可怜"。

【设计意图】本文构思严谨，富有童趣，设计时有效挖掘课文空白点，巧妙结合语言文字、插图和省略号，引导学生展开想象说话，感悟昆虫们的快乐，理解"生机勃勃"。与小毛虫的可怜形成强烈对比，更深刻地体会到小毛虫的可怜与孤独，教学策略力求贴近儿童的经验世界、想象世界、情感世界。同时，学文之初巧妙结合信息新技术，用手机中的软件希沃授课助手与电脑进行同屏运用，将学生小组独立完成的研学工作纸进行拍摄截图，面向全班进行直观的展示交流汇报，既节省了时间，又加深了对课文的理解。

四、研读第2自然段，理解"笨拙"

（1）可怜的小毛虫会怎么做呢？请同学们认真默读课文第2自然段，思考：

小毛虫给你留下了什么印象？从文中找一个词回答。

（2）汇报交流，引导学生结合生活经验和已学知识，随文理解"笨拙"，口头扩展练说结构相似的词语。

（3）文段中还有哪些词语可以看出小毛虫的"笨拙"？请同学们把它用圆圈圈出来，师巡视指导，交流反馈。

（4）品读"挪动"句，抓关键词，做动作体会"挪动""一点点"。

（5）采访谈感受，理解"九牛二虎之力"。

（6）品读"周游"句，想象理解"笨拙"。

（7）师生合作，有感情地朗读。

【设计意图】培养学生抓关键词理解文章意思的意识，鼓励发现、探究，关注方法、策略，注重学法传授。理解词语意思是二年级学生学习的重点，教师重视词汇的积累及扩展，通过发现构词方式仿说、做动作体会、想象补白等方法，形象多样地帮助学生理解重难点词的词意，而非生硬地讲解分析。力争在少而精的练习中渗透可迁移、运用的方法，逐步形成语文能力。

五、研读第3自然段，理解"坚定"

（1）尽管小毛虫这么可怜，这么笨拙，但它又是怎么想的呢？请同学们认真地默读第3自然段。思考：你现在觉得这是一条怎样的小毛虫？

（2）汇报交流。理解：每个人都有自己该做的事情。结合生活事例，请学生谈感受。

【设计意图】紧扣关键句"每个人都有自己该做的事情"，让学生体会小毛虫内心的坚定和变化，同时结合生活经验练说，加深理解"每个人都有自己该做的事情"，更好地帮助学生理解文章的主旨。语文活动设计灵活多样，力争与真实生活相结合，引导学生在真实的生活情境中学习、运用，从而在激发学生学习兴趣的同时，助力学生的精神成长。

六、指导书写

（1）出示要写的字：整、抽、纺、织，读一读。

（2）为生字词找朋友（口头组词）。

（3）观察字形，找书写规律或要点，教师范写。

（4）生练习书写（每个生字描红、临写各一个），展示交流。

【设计意图】字词学习及书写是低年级的学习点，在课堂上教师一定要留出时间指导学生仔细观察字形及间架结构，了解书写特点。在学生练习阶段，师根据巡视发现书写中的不同问题，新技术与学科有效整合，将手机中的软件希沃授课助手与电脑进行同屏运用，将学生的书写同步到大屏幕上，一方面能向全体学生展示，关注共性；另一方面又能关注个性差异，提醒学生要注意书写的笔顺与间架结构，使个性化的学习方式得到充分体现，及时反馈学生的书写成果，极大地激发学生的书写兴趣，培养写字姿势和良好的习惯，激发识字、写字兴趣，为后续年级学生写字能力的培养及良好书写习惯的形成打下基础。

七、课堂小结，延伸学习

小毛虫是怎样变成美丽的小蝴蝶的？我们下节课继续学习。相信大家学了课文之后，对小毛虫一定会有新的认识。

【设计意图】课堂学习结束之际留下悬念，引导学生更好地进入第二课时的学习。

板书设计：

【设计意图】该课板书设计紧扣教学内容，突出重点，主次分明，将课文主要脉络和内容鲜明呈现，对在第二课时中引导孩子复述故事具有启发性；同时，设计巧妙，言简意赅，图文并用，内容鲜明活泼，符合低年级孩子的审美认知，具有美感和艺术性。

第二课时

一、复习巩固，练习说话

尝试用自己的话介绍学习第1—2自然段认识的小毛虫。

二、研读4—7自然段，理解"变化"

（1）默读第4自然段。思考：小毛虫是怎么做的？

（2）小组讨论交流，汇报。做：一刻也没有迟疑，尽心竭力。

（3）现在，你觉得这是一条怎样的小毛虫？（让学生感知小毛虫的坚强，体验它不悲观失望、不羡慕和尽心竭力做好自己工作的心情）

（4）自由读第5、6自然段。

① 理解"与世隔绝"的意思。

② 出示句子：万事万物都有自己的规律！思考：这是怎样的规律？小毛虫耐心等待会有怎样的结果？

（5）动画演示：小毛虫破茧而出变成蝴蝶。（利用动画，形象地将小毛虫变成蝴蝶的过程呈现在学生眼前，既帮助学生理解小毛虫羽化蜕变的知识，又渐渐地把学生带入文本，为小毛虫而高兴）

（6）自由读第7自然段，画出小毛虫变成蝴蝶后的样子。

① 出示句子：它灵巧地从茧子里挣脱出来，惊奇地发现自己身上生出了一对轻盈的翅膀，上面布满色彩斑斓的花纹。

② 配乐朗读。

③ 出示第2自然段，把小毛虫之前的样子和现在的样子作对比。思考：小毛虫为什么会有这样的变化？

三、借助提示，讲讲故事

（1）根据板书的图片及关键词句，让学生展开想象，借助提示说一说小毛虫经历了哪些变化。

（2）借助课后练习题的提示，讲一讲小毛虫是怎样变成蝴蝶的。

四、巩固字词，加强识记

（1）游戏，词语搭配。

（2）出示课后习题中的词语，学生读一读、记一记，口头练习造句。

诗意课堂　滋味绵长

——古诗《绝句》教学设计

【教学目标】

（1）会认"鹭""含""岭""泊""吴""绝""鸣""柳""窗"9个生字。

（2）有感情地朗读、背诵古诗。感悟初春的美好意境及诗人的喜爱之情。

（3）激发学习古诗的兴趣，积累古诗中的名句。

【教学过程】

一、话题引入，"通"读全诗

（1）现在虽然是秋天，但黎老师今天把春姑娘请到了我们身边，同学们想看吗？

提个小要求：大家一边欣赏，一边想：春天，你最喜欢干什么呢？（播放课件）生交流感受。

（2）师简笔画：有一天，唐代著名大诗人杜甫闲坐家中，看见院子里的柳树发芽了，天空蓝蓝的，山顶还有一些积雪，小河里的冰融化了，哗哗地向前流着，小鸟在枝头叽叽喳喳地唱个不停。他情不自禁地提笔写了一首赞美春天的诗，这就是我们要学习的——《绝句》。

（3）板题读：来，请同学们伸出手，用食指跟老师一起写课题。"绝"左边一个——绞丝旁（生），右边一个——色（生），写这个字时要注意——左窄右宽（生），"句"字外面是一个"包字头"，里面一个"口"。

（4）释题：什么叫绝句？谁懂？教师出示两首诗引导学生观察发现，师旁述：你们发现了吗？这两首诗有一个共同特点，它们都是四句，每句字数相同，这样的古诗就叫"绝句"。每句五个字的叫五言绝句，每句七个字的叫七言绝句。

（5）初读：出示《绝句》。来，大家自由读，争取把它读准确、读流利，生字可以请拼音姐姐帮忙，也可以问同学或老师。（生自由读，师巡视指导）

（6）在这首诗里躲着一个多音字"行"，谁能用组词区分一下它的读音？（一行（háng）、银行，（xíng）行动、行走）

（7）去拼音读诗：指一生读，生生互评。开小火车轮读，齐读。

（8）师配乐范读，生齐读。

过渡：节奏感把握得挺好，读出了一点诗的味道了。

二、"胖"读全诗，古文今译

（1）师：现在，请大家翻开书本，默读古诗，一边读一边想，哪个字的意思我读明白了，不懂的可以用笔圈住它等会儿问。如果读懂了，同桌可以互相说说自己是通过什么方法学会的，清楚了吗？开始！

（2）鼓励质疑，生汇报：你读懂了哪里？站起来说给大家听听。

随机识字：鸟——黄鹂（叫声清脆好听）；鸣；柳（字形识字）。

白鹭：（出示图片）见过吗？白鹭是一种水鸟，有雪白的羽毛，细长的腿，喜欢捕食鱼虾。书中找到了吗？右上角，细心观察的孩子最会学习。

青天：蓝蓝的天（也可以说成"青天"），蔚蓝、瓦蓝、湛蓝（换词理解）。

西岭：结合字形"山"释义，西边的山。——拓展东岭、南岭。

泊：停泊。联系生活理解"泊车"。

千秋雪：一年里有几个秋天？（一个）"千秋"呢？一千个秋天，翻译过来也就是指一千年，也指很多年。

（3）师：还有不懂的吗？大家你一言我一语，用自己的话把《绝句》的大概意思说明白了。看看诗人用了多少个字，快数数？（28个字）

师：语言简洁，但表达的意思却非常丰富，这正是古诗的特点。

三、"活"读全诗，想象美景

（1）师：有人说，《绝句》是一幅多姿多彩的画。只要头脑中有丰富的想象，我们就能把汉字变成一幅幅"活"的画。现在，老师请同学们拿起书本再读《绝句》，找出自己最喜欢的句子，想想喜欢的原因。想好了，可以跟旁边的同学交流，也可以自己有感情地多读两次，好好体会。（生自由读诗）

（2）汇报。

画面1："两个黄鹂鸣翠柳"

① 理解"翠柳"：绿绿的、嫩嫩的、长长的、软软的枝条随风舞动。

② 指导朗读：黄鹂鸟站在翠绿的柳枝上，心情怎样？来，谁给说一说、唱一唱？

③ 男、女生赛读：春天的黄鹂鸟何止这一只、两只，咱们分男、女生赛读。

春天，冰雪消融，万物复苏，黄鹂鸟尽情高歌，它自由自在地唱，男孩子来——

在微风中，在春光里，小黄鹂深深地陶醉了，它轻轻地唱，女孩子来——

画面2："一行白鹭上青天"

① 重点理解"上"字：我请只小"白鹭"上来，做做"上青天"的动作——眼睛注视天空。向上飞；这心情会怎样？

② 师：大家一起边读边做这个动作。随机采访：飞上天空看到了什么？感觉怎样？

③ 让我们把脸上的笑意带到朗读中去吧！

画面3："窗含西岭千秋雪"

①（示图）瞧，这就是诗人透过窗户远眺，看见的西岭雪山。山顶覆盖着千年不化的皑皑白雪，在阳光的照射下晶莹闪耀，既壮观又美丽！

② 重点理解"含"：这么美的景象，诗人坐在家中是透过什么看到的？

③ 透过窗户远远望去，西岭就像一幅嵌在窗框里的风景画。这就叫——窗含西岭千秋雪。

画面4："门泊东吴万里船"

① 船——这船要开往哪里？（东吴）现在江苏省所在的部分地方，古称吴国，因在东边，也称东吴。古时候从成都到东吴要穿岷江、过长江，路途十分遥远。诗中哪个词写出了"远"？

② 万里——谁来读一读这句诗？

四、"瘦"读全诗，品味意韵

（1）（播放动画《绝句》）师：短短四句诗，28个字，同学们借助朗读，借助想象，欣赏了一幅美妙的春景图（板书：春景）。现在让我们回到1200多年前的杜甫草堂，和诗人一起欣赏这美丽的景象，想到了什么等会儿交流。

（2）指导背诵：诗藏画中，请以自己喜欢的形式背诵。

五、对照比读，延伸课外

（1）师：诗是一幅画，又是一首歌。如果让这首诗重新站队（课件出示），就变成了一首对子歌，快读读。

（2）师：请同学们再欣赏一首诗。（课件播放《清明》）

师：黎老师把两首诗放一块儿，思考：你发现这两首诗有哪些地方相似，哪些地方又不一样？说出自己的见解就可以了。

（3）宋代有位著名的文学家说："诗是无形画，画是有形诗。"描写春天的诗歌与文章还有很多，小朋友，课后一起去找来读读，好吗？

【妙笔生花】

小朋友心中的春天

我想自己开一辆飞车飞上天，车上放一根棍子和一个很大的袋子。把天上的彩虹卷到棍子上做一颗最大的彩色棒棒糖吃。然后，再把一片云装到袋子里，带回家做布娃娃、枕头和被子，一定又软和又舒服！除了留给自己一套，其他的都送给四川灾区的小朋友，他们一定高兴极了。

每年春天，我们要在沙漠植树，发明电动环保汽车，让地球更环保。这就是我心中的春天，让世界充满生机，让地球回到它原来的美！加油！总有

一天地球会美的。

春天来了，我心中的春天是这样的：春回大地、万物复苏。我真喜欢在春天植树，因为春天是个植树的好日子，植树可以把汽车排出来的废气吸收，放出氧气，所以我喜欢在春天植树。

春天是个温暖的季节。春天我喜欢养蚕，因为蚕只能在温暖的地方生活得更好。燕子在天上飞来飞去，它的尾巴像一把剪刀。

我心中的春天就是小动物们醒了，树木发芽了，我和同学们、朋友们一起到公园玩耍，种花和树木，小鸟在快活地唱歌，小鱼在池塘里游着，我爱春天！

春天是一个明媚的季节，到处都是绿油油的。春天是一个温暖的鸟巢。啊！真是丰富多彩呀！看，太阳忙着和我们打招呼呢！桃花笑红了脸，柳树摇着绿色的长辫子。池塘里水满了，青蛙也叫起来了，呱，呱，呱！

春天来了，我们脱掉厚厚的衣服，在草地上放风筝、植树、种花……春姑娘洒下清清的雨水，叮叮咚咚地落到草地上，雷公公轻轻地拍着肚子前的大鼓，生怕吵醒了小草、小花。

我心中的春天是快乐的，因为我们又可以去植树了，植树可以减少污染。

春姑娘来了！她像个害羞的小姑娘，遮遮掩掩，躲躲藏藏。我们趁着春天来种花、种树、种草，把春姑娘打扮得漂漂亮亮。

我心中的春天非常快乐。因为春天的鲜花美丽极了，一朵朵美丽的鲜花都是好朋友。春风一吹，鲜花摇啊摇，好像它们在手拉手歌唱，快乐极了。

我心中有一个美好的春天，有春风、春雨的装扮，因此我的世界如春天般美丽。

我坐在彩虹上，小花、小草从地上探出头来。冬眠睡醒的小动物出来了。我睁开眼睛，一股清新的空气迎面扑来，这是多么开心的春天呀！

春季来临，百花争艳，太阳露出慈祥的笑脸，燕子朝北方飞去。天气变暖和了，熊、蛇等冬眠的动物都苏醒过来，开始找吃的。池塘里的冰融化了，小鱼在水里快活地游来游去。我们换上春装，在草地上放风筝，在山坡上种树，一切都是那么地美好，我爱春天！

在我心中春天是多彩的，因为百花齐放，可以看到五颜六色的花，美丽极了！燕子也飞回来了，热闹极了。

我想把森林里的所有动物都交给动物园里的叔叔阿姨们，一起喂它们吃东西，这样，下一年的春天，它们一定可以长得更可爱、更健壮。

我心中的春天像美丽的水彩画。小鸟在树枝上唱歌，蝴蝶在小花上飞舞着，天上的太阳红彤彤的，小草从地下出来晒晒太阳，小河叮叮咚咚多么像一位著名的音乐家呀！我和小伙伴们在草地上奔跑着、玩耍着。春天是孩子们游玩的好季节。

春天来了！我走出家门，来到公园里玩。我发现春天已经到来，小草从地上探出头来，小燕子往北飞来了。大自然有许多说不完的事。大自然真奇妙啊！

春天来了，冰雪融化，万物复苏，小鸟在枝头歌唱，小动物醒来了，寒冷的冬天过去了，太阳出来了，我们希望明年的春天会更好。

春天到了，万物复苏，小草在地上长出来，小花在树上开放，树枝上长出了许多芽儿。小蜜蜂和小蝴蝶在花丛中飞舞、采花蜜，小鸟在天空中叽叽喳喳地叫着，青蛙在荷叶上呱呱地唱歌，蚯蚓从泥土里钻出来。全部动植物都在迎接春天的到来。

我心中的春天，是复苏的季节，桃花开了，柳树发芽，还有许许多多的花都露出了笑脸，小草也从土里钻出来了。我心中的春天，是播种的好季节，农民伯伯在田里忙着，播下希望的种子。我心中的春天，是快乐的，因为孩子们可以脱下沉重的衣服，在草地上奔跑，在公园里放风筝……春天很美好，我爱春天！

春天来了！青翠的小草挤出来了，森林里百花齐放，小鸟叽叽喳喳地在歌唱。看见一群群燕子在天空中飞回来了。树木茂盛，小鱼在池塘里欢乐地游来游去，有些鱼还在吐泡泡，有趣极了。森林里还有许多小动物都出来了，春天真好啊！

我心中的春天是多姿多彩的。春风温柔地吹着，桃花露出了笑脸，小草从地下钻出头来，竹子挺着有力的身体向我摇头，我伸出手来，一只美丽的蝴蝶轻轻落在我手中。我陶醉在这美丽的世界中。百花齐放、万紫千红的世界永远映在了我的心中。

我心中的春天充满了欢乐。每当我做完作业时，就去找罗清琳和黄佳欣一起捉蚱蜢。有一次，一只蚱蜢跳到我头上，我不管三七二十一，马上伸手去捉。可是那只蚱蜢跳到头发里面，我急忙跑回家去洗头。洗完头，跑去妈妈房间里，妈妈说："不用再怕了，早巳冲洗掉啦！"我听了这句话，才平静下来。

春天到了，笋芽儿从地下钻出来，好像一个个小尖嘴。蓝蓝的天空，飞着一群白鹭，排成一个个"人"字。我觉得春天真美呀！

在暖阳中经历生命成长的拔节

——《阳光》教学设计

【**教学目标**】

（1）认识12个生字，会写4个字。认识2种笔画和1个偏旁。

（2）正确、流利地朗读课文，背诵课文。

（3）感受阳光的美好与宝贵。

【**教学重点**】

识字、写字和练习朗读，积累优美的词句。

【**教学过程**】

一、想象导入

（1）音乐：请小朋友们闭上眼睛，随着音乐，带着想象，美美地去欣赏：

清晨，太阳缓缓地从东方升了起来，金色的阳光洒遍了大地上的每一个角落。听！小鸟唱起了欢快的歌。看！禾苗、小树、小河在向阳光招手！啊！阳光，你早！

你看到了什么？想到了什么？谁来说一说？

过渡：阳光给大地带来了生机，给生命带来了活力，也给我们带来了一篇优美的课文。（板题：8.阳光）

（2）揭题：教学"阳""双耳旁"。

（3）初读：请翻到第78页，大声读读第8课《阳光》，不认识的字拼拼拼音，把生字圈出来，多读几遍。读完后小手放好，人坐正。

第三辑 创新课堂 光彩重生

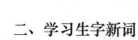

二、学习生字新词

太阳公公看小朋友们读得这么认真，想考考大家会不会。

（1）读带拼音的生字。"小老师"带读。

（2）教师把拼音藏起来会不会读呢？指名读，开小火车读。

（3）"小老师"带读生词。读得不错，那书上的生词你能不能读呢？

理解"金子"：知道金子是怎样的吗？同位开火车读。

三、精读课文

（1）学习第1自然段。生字、词语读得这么棒，那会不会读课文呢？打开书本，读读第1自然段，想想你读懂了什么。

理解"阳光像金子"：阳光和金子有什么相像的地方？（颜色闪亮宝贵）

理解"洒遍"。

① 阳光像金子，它会照到哪些地方呢？（相机板画：田野、山上、小河……）

② 阳光照耀着大地上的每一个地方，所以课文用了一个词语"洒遍"来说明。

③ 齐读该句。

（2）过渡：禾苗、小树、小河在阳光下和平时可不一样哦，我们赶紧去看看！

① 自由读第2自然段，想一想：阳光照到田野、山上、小河，那里有什么变化？

② 谁来说说，田野里有什么变化？谁来读读这句话？（指名读2个）

想一想：如果没有阳光的照射，禾苗会怎么样呢？

有了阳光的照射，禾苗怎样呢？理解"更绿"。

那你觉得阳光怎样呢？（很宝贵）心情怎么样？指导朗读（个读，齐读）。

③那山上又怎么样了呢？小树有什么变化？（更高）

看谁读得好？（自由练读、指名读、小组开火车读）

④ 想象练说：如果此时你是受阳光哺育的禾苗、小树，你想对阳光说些什么呢？

相机指导朗读：能用朗读表现你的感谢之情吗？

⑤ 阳光下的小河也是波光粼粼、非常漂亮的，就像（引读"长长的锦缎"）。

师：谁见过锦缎？出示实物锦缎，漂亮吗？谁来说一说？

阳光照射下的小河会怎么样呢？（波光粼粼，闪闪发光）

你觉得美吗？指导男、女生赛读。

⑥ 阳光下的景色这么美，老师给你们配乐，请你美美地读一读，背一背。

自由读，指名读。

听了小朋友们的读书声，老师也被陶醉了，我们一起来合作读，好吗？教师读前半句，小朋友们接着读。

⑦ 欣赏动画，句式训练：禾苗、小树、小河因为有了阳光这么美，那还有什么会"因为有了阳光，更怎么样了呢"？

四、小结

在阳光的照射下，万物都发生了变化。阳光给了我们生命，给我们带来光明和希望，它比金子更宝贵。愿小朋友们在温暖的阳光下健康地成长。

在想象中给孩子一个学习的支点

——《阳光》教学反思

学校近期准备展开学科教学研讨，刚好教一年级，又正逢秋高气爽的好时节，在秋日的暖阳下，翻开书本我悄然决定上一节《阳光》。《阳光》一文，以抒情的笔调，诗一般的语言，描绘出了阳光给万物带来的生机与美丽。课文共5个自然段，只有第2自然段是三句话，其他各段都是一句话，最后一自然段点明文章的主题：阳光像金子，阳光比金子更宝贵。课文插图色彩明丽，文本部分语言流畅，富有童真童趣，贴近儿童生活，能引起孩子们感受阳光的强烈愿望，生发对大自然无限热爱和珍惜的思想感情。

虽然学生每天都在阳光的陪伴下生活成长，但是却常常忽略了阳光的存在。能留意阳光、感觉到阳光的时候并不多。所以在教学本课时，要让学生充分地感受大自然、亲近大自然，就必须巧妙地创设情境，让他们充分体会到阳光的美好和宝贵。因此，在教学中，我将"想象"定为本课的教学特色，充分发挥学生的主体作用，建立民主的师生关系，以学生的发展为根本，树立导学意识，让孩子在丰富多彩的教学活动中激发创造的热情，在奇妙无比的想象中找到学习的"支点"。

现就教学过程中的一个片段举例：

一开始上课，我就先播放一段活泼欢快，充满勃勃生机的音乐——《苗岭的早晨》。请同学们闭上眼睛，用想象去欣赏阳光下那美丽的景色。同时，配上教师的抒情描述：

清晨，一轮金色的太阳从东方慢慢地升起来，阳光立刻洒遍了田野、高山和小河，啊！阳光，你早！听，鸟儿唱起了欢快的歌！看，禾苗、小树、小河在向阳光招手！我拉开窗帘，哎呀，阳光一下子跳进了我的家！我想和阳光握手，阳光用它那温热的大手抚摸我的小手心！……（学生闭上眼睛，听得入了神，陷入无限的遐想中……同学们，请睁开你明亮的小眼睛，谁来说说你看到了什么，又想到了什么？（孩子们畅所欲言）

生：我看到太阳升起来的时候是火红火红的。

生：我想到小鸟唱歌的时候是蹦蹦跳跳的，非常可爱。

师：能想象出小鸟唱歌时的动作，了不起！

生：我仿佛看到有一个美丽的小姑娘随着音乐跳起了欢快的舞蹈。

生：我想到早上的空气非常清新，人们都爱在公园里锻炼身体。我的爷爷早上就会去公园打太极拳。

师：阳光给大地带来了生机，给生命带来了活力，也给小朋友们带来了一篇优美的课文，想读一读吗？

生：（大声地）想！

师：那就请大家用自己喜欢的方式大声地读读第8课《阳光》吧！读完之后，再把生字勾画出来。

开课设计之初，我曾打算以多媒体课件呈现，后来放弃了。为什么呢？多媒体课件的确直观生动，但是给予学生的终究只是有形的、有限的形象。音乐最具感染力，和谐的音符、优美的文字，给孩子们创设了乐于接受的情境，活泼民主的课堂氛围，让他们在想象的空间里思绪飞扬，在独特的感受中畅所欲言，点燃他们求知的欲望。上述教学设计，让学生闭目根据教师提供的欢快音乐及优美文字进行自由想象，每个学生心中的形象是不同的、无限的，"有一千个读者，就有一千个哈姆雷特"。正因为每个学生对文字的理解想象的丰富性，才有学生看到小鸟"唱歌的动作"，森林里正在召开"动物运动会"。多么有意思的设计！学生们的发言与表现给我的震撼是巨大的。他们能大胆地发言，自信地说出个人的感受和想法，能领悟到文字背后的情感和内容。相信孩子，就要给他们展示的时间和空间，让他们在自由的时空中尽情展示，享受成功的喜悦！

层层推进　开出最美的花

——《手捧空花盆的孩子》教学设计

【教学目标】

（1）正确认读14个生字。

（2）能正确、流利、有感情地朗读课文，理解故事的内容及寓意。

（3）通过阅读懂得诚实是一种美德，愿意做一个诚实的孩子。

【教学重难点】

（1）认读14个生字，有感情地朗读课文。

（2）懂得诚实是美德，愿意做一个诚实的孩子。

【教学准备】

多媒体课件；学生预习课文。

【课时安排】

2课时；第一课时（略）。

第二课时

【教学过程】

一、情节回顾，复现字词

（1）今天，我们继续学习第29课，齐读课题。

（2）咱们先来和课文中的词语宝宝打声招呼，认读字词。

挑选：故事中的国王要挑选什么？

继承人：当了继承人，就可以继承王位，做国王。

花种：为了挑选继承人，国王发给每个孩子一些——（多音字）

宣布：发下花种后，国王还命令大臣宣布了一个决定，谁来说说？

（3）出示：谁能用这些种子培育出最美的花，谁就是他的继承人。（指读、开火车读、想读）

于是在挑选继承人的这一天，街头上就出现了许许多多这样的花盆。它们都——盛开着美丽的鲜花。认读"盛开"一词。

结合贴图理解并认读：一盆鲜花、一盆盆鲜花。

煮熟、发芽：谁能结合课文内容，用上这两个词语说一句话。

过渡：是啊，煮熟的种子不会发芽，所以不管雄日怎样用心栽培，花盆里还是空空的（贴图）。

（4）国王规定的日子到了。国王来了（高兴），可当他从这一盆盆美丽的鲜花面前走过时，表情怎样？（不高兴）

用"＿＿"画出描写国王表情的句子，再大声读一读。（指答）

二、聚焦"一丝"，理解心情

出示：国王从孩子们面前走过，看着一盆盆鲜花，脸上没有一丝高兴的表情。

（1）自读，要求准确、流利。

（2）实物演示理解"一丝"：是啊，一丝，小得几乎看不见，那"没有一丝高兴"就是——

（3）这一天，每个孩子都手捧最美的鲜花，每一盆鲜花都五颜六色、芳香扑鼻！谁见了都会喜欢！可国王脸上却没有一丝高兴的表情，这是为什么呢？同桌小伙伴大声讨论、交流。（指答）

（4）出示（齐读）：我发给你们的花种都是煮熟了的，这样的种子能培育出美丽的鲜花吗？

生畅谈。这句话你读懂了吗？谁来说说。

同学们，这些花儿虽然美，但每一朵盛开的鲜花好像都在告诉国王这些孩子不诚实，难怪国王没有一丝高兴的表情！

谁能把国王的这种心情读出来，朗读指导。（同位练读、表演读）

三、聚焦"空花盆"，感悟"诚实"

过渡：所以当国王看见手捧着空花盆的雄日，听他讲了花种不发芽的经过后，国王决定选雄日做继承人（贴卡片、打问号），这到底是为什么呢？

（1）孩子们，请边看动画边思考：雄日是怎样培育花种的？（换词理解：十分用心）

交流：细读第2自然段，看看你能从哪些词语或句子中读出雄日在用心培育花种。（口头练说：十分）

（2）过：尽管雄日十分用心地照顾花种，可是——（齐读）他天天看啊，看啊，种子就是不发芽。

（3）换位想象：眼看着日子一天一天地过去了，种子就是不发芽。明天就是国王规定的日子了。同学们，如果你是雄日，看着这空空的花盆，心情会怎样呢？（难过、伤心等）

（4）拓展想象：时光倒流，我们一起来到了街头，看！他们都在！孩子们，请闭上眼睛想象他们会说些什么？做些什么动作？（你可以是雄日，也可以是那些手捧美丽鲜花的孩子中的一个；你可以是国王，也可以是旁边的大臣；你可以是其中一个孩子的父母，也可以是街头的一个老爷爷、老奶奶……）

师：范读课文第3、4自然段，学生边听边想，全班交流。

（5）师：雄日以诚实（板书）赢得了国王的信任，成为一名合格的继承人。其实，在每个人心里诚实就是一朵最美的心灵之花（板画）。同学们，希望你们记住雄日这个孩子，记住今天这个特别的故事。

聚焦情境创设　落实三维目标

——《手捧空花盆的孩子》教学反思

《手捧空花盆的孩子》是小学语文一年级下册第六单元的一篇课文，这篇课文讲的是国王要挑选一个孩子做继承人，他发给全国的孩子一些煮熟的花种，并承诺：谁能用这些种子培育出最美的花，谁就是继承人。课文以国王选择继承人为线索，分为国王宣布选择的方式、雄日精心培育却不见种子发芽、国王选择了捧着空花盆的雄日为继承人三部分来叙述。

这是一篇长课文，思想教育的意味相对较浓。在预设中，我将诚实品质的感悟，聚焦在了雄日手中的空花盆上。第一层面：通过引导学生感悟从种花的第一天到国王规定的最后一天，雄日看着空空的花盆，一直没有想过以不诚实的做法去换取美丽的鲜花；第二层面：通过参选前一天心情的体验，感悟雄日也是多么想成为继承人，但面对空空的花盆仍没想过以不诚实的做法去换取美丽的鲜花；第三层面：通过讨论选择空花盆等于选择了什么，感悟宁可不做继承人也要做一个诚实的孩子。

如此层层推进，步步提升，使"诚实"的品质彰显出厚重的魅力，使学生对雄日产生一种具有震撼力的思想情感，从而也实现了"情感、态度、价值观"目标的落实。因此我在教学本课时，注意了三个方面的设计：

第一，注意引导学生温故知新，从儿童的认知特点出发，充分体现了自主、合作的学习，启发了想象，使学生在读中发展了思维，既积累了词语，又得到了情感的教育与熏陶。

第二，在教学过程中我注意创设情境，进行口语训练，指导学生"读、写、说、演"的训练，贯穿课堂教学的始终，直接触动了学生的情感，课堂

第三辑　创新课堂　光彩重生

气氛活跃，学生积极参与，真正体现了自主学习的特点。

第三，较好地体现了低年级教学的趣味性。我注意运用富有激励性的语言，调动学生的学习兴趣，把课堂的大量时间留给学生，让学生充分地读文，识字交流，教师只有在必要的时候才去点拨。

这节课，学生们不仅交流了识字方法，读通读懂了课文，还明白了做人要诚实守信的道理。最主要的是学生们自主积极的学习状态将成为他们今后努力学习的宝贵财富。

景美情美，处处皆美

——《搭石》教学设计

【教学目标】

（1）学习课文生字新词，正确读写。

（2）有感情地朗读课文，理解课文内容，感受人与人之间的美好，积累优美的语言。

（3）学习作者仔细观察、生动描写的方法，培养留心观察、用心感受的习惯。

【教学重难点】

（1）体会文中看得见的具体的"美"和看不见的心灵的"美"，受到感染和熏陶。

（2）反复揣摩体味文章的语言，学习作者是怎样通过平凡的事物发现美、表达美的。

课前谈话：今天谁能给在座的老师和同学们介绍一处家乡的美景？

【教学过程】

一、谈话导入，揭示新课

（1）法国雕塑家罗丹说过这样一句话，同学们，请齐读：生活中不缺少美，只是缺少发现美的眼睛。

（2）今天，就让我们带着发现美的眼睛，随当代诗人刘章爷爷一起，走进课文《搭石》的字里行间，去寻找、发现、欣赏他笔下的家乡之美。

二、初读课文，梳理文脉

（一）学习生词，明确大意。（预习任务一）

（1）昨天同学们都预习得很认真，下面请小组长组织同学们用自己喜欢的方式读课文，反馈预习成果，并做好汇报的分工。

（2）师生合作，检查反馈。

①第1行：间隔　懒惰　一行人。（预设：提示读准多音字"间""行"）

②第2—4行：

山洪暴发　溪水猛涨　脱鞋挽裤

协调有序　清波漾漾　人影绰绰

招手示意　相背而行　理所当然

③将词语放入句段中，请生读。相机指导书写"暴"。

PPT：小溪的流水常年不断。每年汛（xùn）期，山洪暴发，溪水猛涨。山洪过后，人们出工、收工、赶集、访友，来来去去，必须脱鞋挽裤。

（点拨：理解脱鞋挽裤，通过朗读，了解山洪暴发给人们生活带来的不便。从这句话中，我们也了解了刘章爷爷的家乡为什么会出现一排排的"搭石"。）

（3）根据预习任务2和3，学生汇报课文的中心句、小标题及提出关注的问题。

（二）以疑促学，直奔中心

（1）师：同学们都很会提问题，请同学们看这个句子，刚才老师巡查时发现很多同学提的问题都是围绕这句话展开的：搭石，构成了家乡的一道风景。

（2）指导朗读：这个句子，怎样读才能更好地表达出刘章爷爷心里的情感？（预设：平实、深情、赞美）

老师听出了你们由衷的感叹！教师归纳并板书：家乡风景。

三、默读圈画，细悟风情

师：搭石，为什么会成为作者心中一抹挥之不去的印记，成为家乡一道最美丽、摇曳的风景，让作者念念不忘？我们就把它作为这节课的研学重点，请自己读读要求。

（1）出示研学问题：为什么"搭石，构成了家乡的一道风景"？作者从中发现了什么？请看研学提示（全班读）：

PPT：1. 读——仔细默读课文第2、3自然段；2. 思——找出描写"美"的语句，围绕研学问题，抓关键词说说自己的理解和感受；3. 诵——有感情地朗读并尝试积累。

（2）学生借助提示自学，小组交流。

请小组按照这个步骤进行学习，也按照这个步骤来汇报。学生借助提示自学，小组交流。

四、品味语言，感受风情

预设A：抓描写方法感悟表达，品"心之美"。

PPT：上了点年岁的人，无论怎样急着赶路，只要发现哪块搭石不平稳，一定会放下带的东西，找来合适的石头搭上，再在上边踏上几个来回，直到满意了才肯离去。

小组抓住关键词自由汇报，教师相机点拨。

（一）品人"行"，感受心灵美

（1）抓动作，品人行。

出示文段，圈画动作词。知道作者着重抓住一系列动作描写人物，凸显家乡人——美在行。

（2）创设情境，悟人性。

初次看到这样的景象，我得采访一下老人了解情况（说出不一样的理由）：

老人家，你明明急着赶路，为什么还要停下来摆搭石？多浪费时间啊！（以一时不便，换时时方便。）

老人家，你不是急着赶路吗？为什么还要停下来摆搭石？多麻烦啊，留给年轻人干好啦！（虽一人不便，换他人之便。）

（二）抓三组"联结词"，体会表达方式

（1）对比读，谈感受（男、女生分读）。

① 上了点年岁的人急着赶路时，发现哪块搭石不平稳，会放下带的东西，找来合适的石头搭上，再在上边踏上几个来回，满意了才离去。

② 上了点年岁的人，无论怎样急着赶路，只要发现哪块搭石不平稳，一

定会放下带的东西，找来合适的石头搭上，再在上边踏上几个来回，直到满意了才肯离去。

（2）总结学法：抓关键词不仅可以品味语言，还可以更好地帮助我们揣摩作者的表达方法。

师：家乡景美，人更美，面对如此崇高的境界，难怪作者发出了这样的赞叹，我们一起读：搭石，构成了家乡的一道风景。

预设B：抓关键词想象画面，品风景美。

PPT：每当上工、下工，一行人走搭石的时候，动作是那么协调有序！前面的抬起脚来，后面的紧跟上去，踏踏的声音，像轻快的音乐；清波漾漾，人影绰绰，给人画一般的美感。

（三）想象引读，体会词句表达效果

小组汇报，说说从哪些词能感受到风景美。

（1）联系上下文，理解"协调有序"。

师：从哪里可以看出协调有序？"前面的抬起脚来，后面的紧跟上去。"

让我们加入走搭石的人中，互相合作读读这句话。（指着一组学生：前面的……后面的……前面的……后面的……全班：前面的……后面的……）

师：是啊，走在搭石上，没有人指挥，谁也不抢路，谁也不突然止步，大家走得那么默契，那么有序，这样的动作就叫作——协调有序。

（2）想象画面美，理解"清波漾漾、人影绰绰"。

师：当夕阳在山，余霞满天，一行人走在搭石上，你听见什么了吗？（踏踏的声音，像轻快的音乐）你仿佛还看到了什么？请学生谈感受，引导抓住关键词"清波漾漾""人影绰绰"理解画面美。

漾漾：水面微微动荡；液体太满而外溢。

绰绰：宽绰；<书>（体态）柔美。

（3）师引读：美好的文字不但有画面美，还有音韵美。真正的会读书是把心放在字里行间，把关键词转换成一幅幅优美的画面，下面请同学们闭起眼睛，伴随着老师一同走进山清水秀、古朴宁静的小村庄，轻轻地，一句句跟着老师边读边想象。（配乐）

（四）想象练笔，感受景色美

师：一路走来，你的眼前出现了什么画面呢？请你完成研学练习。

想象练笔：

透过词语"_____"，我眼前仿佛出现了这样_____画面。

（五）想象朗读，积累优美语言

师：太美了，这景色不仅构成了一幅画，更成了一首耐人寻味的小诗。

出示：

> 每当上工、下工，
>
> 一行人走搭石的时候，
>
> 动作是那么协调有序！
>
> 前面的抬起脚来，
>
> 后面的紧跟上去，
>
> 踏踏的声音，
>
> 像轻快的音乐；
>
> 清波漾漾，
>
> 人影绰绰，
>
> 给人画一般的美感。

（1）多层次地读。

师：

每当上工下工，一行人走搭石时——女同学读

每当赶集访友，一行人走搭石时——男同学读

每当来来去去，一行人走搭石时——全班读

（2）积累背诵。

师：如此美丽的景色，你能把它记在心里吗？

（3）回读中心句：看着这美丽的景色，作者发出由衷的赞叹：搭石，构成了家乡的一道风景。

（六）回顾学法，拓展阅读

1. 归纳板书，升华风情

师：现在，当你来到作者的家乡，难道只能看到流水潺潺、鸟语啾啾，草木葱茏的景象吗？有没有更深层的理解？

总结：说得好！美好的景物源自美好的心灵，这种精神境界是那么耐人寻味。因为——（齐读）

PPT：一排排搭石，任人走，任人踏。它们，联结着故乡的小路，也联结着乡亲们美好的情感。

师：它们，更联结着作者对故乡景、故乡事、故乡人的深深牵挂和依恋，联结着人们对美好事物发自内心的欣赏和永恒不懈的追求。

2.布置作业，反馈评价

根据学习提示，拓展阅读《写作〈搭石〉的前前后后》。

PPT：默读《写作〈搭石〉的前前后后》。思考：读完之后你想到了什么？请画出印象深刻的语句，并在旁边写下自己的感受。

板书设计：

搭石

家乡　　风景

美

缱绻家园不可忘　一花一木总关情

——《这片土地是神圣的》教学设计

【教学目标】

（1）正确书写8个生字词；积累优美语句，背诵令你感受最深的句段。

（2）把握课文主要内容，感受印第安人对土地的深深热爱与敬畏，体会人与自然密不可分的密切关系。

（3）初步接触演说稿，通过品读语句，体会演说稿的表达特点。

【教学准备】

教学课件、研学案。

【课时安排】

2课时（本课为第二课时）。

【教学过程】

第一课时

一、聚焦"神圣"，了解学情

（1）师：160多年前，这片富饶的土地属于一个叫印第安的部落——他们的酋长西雅图，面对准备用钱购买这块土地的白人政府官员，饱含深情地发表了一篇演说，题目就叫"这片土地是神圣的"。（齐读课题，相机理解"神圣"）

读到"神圣"二字，你心中会涌起怎样的情感？（庄严、崇高、不可侵犯、肃然起敬）

（2）再读课题，质疑。此刻，你脑海中会浮现出哪些疑问？预设如下：为什么说这片土地是神圣的？指哪里？写作目的是什么？

（3）学贵有疑——请大家带着思考迅速浏览研学案中的导航部分，先看看本课的学习目标和要求是什么。谁来为大家提个醒？（指读）

二、检查自学，初读课文

课前，同学们已经预习了课文，先请同桌对照理解课文，学习生字互相检查预习成果。交流好了再汇报：

任务1：（熟读课文，同桌互相检查要求：字字响亮，句句通顺）。

任务2：哪个小组愿意展示自己的本领，为大家做个示范？有不同看法的请举手，也可以补充。

三、再读课文，读懂文意

小组合作完成任务3（内容略），全班交流汇报。

第二课时

教学目标：

（1）有感情地朗读课文，做到熟读成诵。

（2）揣摩优美的语句，体会课文（演说稿）表达上的特点。

（3）体会人类与大自然休戚相关、密不可分的关系，懂得应该保护环境，爱护家园。

教学过程：

一、复习旧知，重温"神圣"

（1）揭题。这节课，让我们随着西雅图继续到那片神圣的土地上去看看。

（2）这些词语还认识吗？都是印第安这片土地上的——齐读。（出示）

麋鹿　　　骏马　　　雄鹰

潺潺的流水　　　浓密丛林中的薄雾

闪闪发光的松针　　　嗡嗡鸣叫的昆虫

（3）师：奔驰的骏马，展翅的雄鹰，一切美好的画面深深地烙在了印第安人的脑海中，因为——这片土地是神圣的（齐读课题）。

【设计意图】出示的词语是课文中描写的印第安这片土地上的景物，既是对生字词的复习，又是对上节课内容的回顾，感悟"这片土地神圣在哪里？"这样的导入能使生字词的教学更加行之有效，过渡更自然。

二、质疑探究，品读语言

（1）师：时光流转，但透过语言文字我们依然能真切地感受到西雅图当年的心情。到底是什么让这篇演说稿拥有如此大的魅力呢？让我们再次走进课文，小组合作完成质疑探究问题1的学习。（出示，指读）

问题1：默读课文，圈画思考：文章表达了印第安人对土地怎样的情感？从文中找出感受最深的语段，谈谈自己的理解。

同学们先独立思考，再同桌交流。请1号组长做记录，组织好发言。交流的时候注意，大家也许会找到不同的句子，小组内可以讨论筛选出一个最能体现的句子，再深入交流。

（2）汇报：到底哪个句子最能触动你的心灵？请小组派代表汇报。

A."每一"句。

① 出示："所有"。换词对比朗读，体会情感。

老师给这段话换了个词，请推荐一位同学读，再推荐另一生对比读原文，内容相同的地方一起读，其他同学留心听，看看能从他们的朗读中听出些什么。

所有的沙滩，所有的耕地，所有的山脉，所有的河流，所有闪闪发光的松针，所有嗡嗡鸣叫的昆虫，还有那浓密丛林中的薄雾，蓝天上的白云，在我们这个民族的记忆和体验中，都是圣洁的。

每一处沙滩，每一片耕地，每一座山脉，每一条河流，每一根闪闪发光的松针，每一只嗡嗡鸣叫的昆虫。

谁来说说？生谈感受。

② 出示：这到底是一片怎样的土地？还有哪些美好的事物，西雅图没来得及告诉大家？请同学们大胆发挥想象说一说。

交流时先补充"对谁说"。齐读第2自然段。

B. 第1自然段，读中品悟：

清澈的湖水，高耸的山脉，已深深融入每一个印第安人的骨血，因为——对我们这个民族来说，这片土地的每一部分都是神圣的。

疾驰的骏马，肥沃的土地，紧密相连的是每一个印第安人的生活，因为——对我们这个民族来说，这片土地的每一部分都是神圣的。

C. "如果我们放弃这片土地，转让给你们，你们一定要记住：这片土地是神圣的。"

① 补充：在西雅图酋长的演说中，原来有这样两句话（出示），请同学们放声读一读，从中你能体会到什么？

你怎能把天空、大地的温馨买下？我们不懂。

若空气失去了新鲜，流水失去了晶莹，你还能把它买下？

② 重点指导朗读。

师：此时此刻，如果你是一位印第安人，这样一片生生不息、满载希望的圣洁土地，将不再属于这个民族，你的心情如何？（伤心难过、无奈不舍）

师：请你带着这种深深的无奈、不舍读——（二生有感情地朗读，师范读）

师："你们一定要记住"，这是西雅图对白人的？（叮嘱、厚望）

师：你能带着这这份叮嘱、厚望，读出一个酋长对白人的殷殷期望吗？——告诉大家，你叫什么名字？你代表了谁？（二生有感情地朗读）（殷殷叮嘱，深深期望）

无法割舍又必须让出，否则这片美丽圣洁的土地将生灵涂炭，伤痕累累。在别无选择的情况下，印第安人毅然选择了放弃。因为"选择放弃，就是选择热爱"。为了保护这片神圣的土地，它属于谁已经不再重要，对珍视土地的印第安民族来说——放弃是为了更好地热爱！

西雅图仅仅是要白人记住吗？他还希望白人能怎样？——善待河水、空气、动物。

③ 想象练说：如果此时你就是西雅图酋长，你还会要求白人善待些什么呢？请同学们展开想象，仿照句式说一说，然后全班交流。

出示：如果我们放弃这片土地，转让给你们，你们一定要记住：这片土地是神圣的。你们一定要照管好这片土地上的_____，因为_____。

师：说得真好！多么有力的告诫啊！我们还要善待这片土地上的一切！

D．我们深知：大地不属于人类，而人类是属于大地的。

对比读第3自然段第一句，你有什么疑问吗？

我们是大地的一部分，大地也是我们的一部分。——为什么此处又说"大地不属于人类"？（因为谁也没有拥有大地的权利，也不可能拥有对大地的控制权；谁也不能凭借自己的喜好、善恶来对待神圣的大地，来破坏、损伤大地的完整和庄严）

（抓住"不属于"揣摩句子的深刻含义）

其他："我们是大地的一部分，大地也是我们的一部分。"（融为一体、密不可分）

我们和大地上的山峦河流、动物植物，共同属于一个家园。（似家人，亲密无间）

【设计意图】浏览是课程标准中高年级阅读教学的一项训练重点，课堂上的指导与训练是十分必要的。本环节设计了学生的自主学习，给足了学生亲近文本的时间、空间，让他们自由表达。同时，学生又是不成熟的阅读者，教师还在关键处点拨，在淤塞处疏通，在沉闷时点醒，很好地处理了阅读教学中"主体"和"主导"的关系。

（3）师：作为有史以来在环保方面最动人心弦的演说，本文语言优美，意境深远，是一篇不可多得的佳作，试着背诵吧！

练习1：反复诵读文中感受最深的句段，把自己喜欢的语句背诵下来！

三、学习表达，体味"神圣"

（1）师：160多年过去了，西雅图的演说却字字句句敲打着人们的心灵。我们学习时既要关注语言及其传递的情意，又要关注其表达的结构及语言特色。请同学们小组合作，继续完成问题2的研学。（出示，齐读，明确任务）

问题2：这篇课文在表达上有什么突出的特点？体会这样写的好处。

（2）汇报：

A."放弃"。反复，一咏三叹，深化主题，强化情感。

师：这句话正是体现文章主旨的语句，也最能表达西雅图的心声。像这样，一句话在文章中反复出现，产生一咏三叹的表达效果，不仅深化了主题，而且强化了作者想要表达的情感。

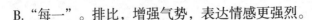

B."每一"。排比，增强气势，表达情感更强烈。

C.比喻、拟人。语言更形象、生动，更具感染力。

D.总—分—总的结构使演说稿主题鲜明，条理清晰，更具说服力。

（3）既然这是同学们第一次与演说稿亲密"握手"，不妨"牛刀小试"，赶快动手完成。

练习2：结合课文内容，仿照例句写一段演说稿。

例句：（耕地）是我们的（身躯）。

我们是大地的一部分，大地也是我们的一部分。

（_____）是我们的（_____）；

（_____）是我们的（_____）；

（_____）是我们的（_____）；

我们和大地上的山川河流、花草树木……融为一体，密不可分！

【设计意图】教学中不仅注重读的指导，还要进行写的训练。在这里，我由读引入写，引导学生补充课文以外的自然物，这样的拓展训练将课堂向课外延伸，因此学生运用语言的能力得到发展，体现了"读写结合"的教学理念。

四、研学拓展，反思提升

（1）学到这里，请同学们回顾本课的学习目标和要求，反思自己都达成了吗？还会有哪些疑问呢？请写到自我评价中，然后交给小组长，小组长将对同学的表现进行评价，下课收齐交给老师。

（2）结束语：同学们，对西雅图酋长和他的族人及地球上的每一个人而言，生命本身是神圣且需相互尊重的。微风悄然穿过树梢，鸟儿婉转啼在枝头，大自然中的一切，彼此都息息相关。我们如何对待自然环境和其中的生命，最后都将变成人类自己的命运。因为——这片土地是神圣的。

（3）请同学们课后完成研学拓展1和研学拓展2。

【设计意图】作业的设计体现了对语言积累、课外实践的重视，同时也体现了以一篇带多篇的教学理念，深化了文本的主题。

板书设计：

15. 这片土地是神圣的（演说稿）

热爱　　放弃

善待一切

圣洁

【设计意图】由"这片土地"升华到"整个大地""整个大自然"，体现了教学的梯度，也深化了学生对于土地"神圣"的认识。

附：

人教版六上第15课《这片土地是神圣的》研学案

黎　丽　番禺区市桥德兴小学

班级_____　学号_____　姓名_____

一、研学导航

1. **课文背景**：西雅图（1790—1866）是北美印第安人酋长。19世纪50年代，美国政府向西岸的西雅图首长提议，要收购他们的土地。无奈之下，西雅图酋长手指着天空，作了这段发人深省的演说。后经多次翻译改写，成为有史以来在环境保护方面最动人心弦的演说。为了纪念他，美国西北最大的海岸城市命名为西雅图。西雅图是一个不可思议的城市，有全球独一无二的地理地貌，居住环境优雅宜人，现又被称为长青城、"翡翠"之城。

印第安人是美国的原住民，为了捍卫生存权和白人抗争多年，战争的腥风血雨让印第安各部族损失惨重，几近溃亡，最后不得不被逼出让印第安土地，并在白人政府划出的保留区生活，至今都相对比较封闭落后。印第安人相信万物有灵论，他们崇敬自然，对自然界的一草一木、一山一水都抱以敬畏态度。他们认为山是有生命的，把大山称作"父亲"。

2. **学习目标**：学习生字词，把握课文主要内容，感受印第安人对土地的深深热爱与敬畏，体会人与自然不可分离的密切关系；初步接触演说稿，通过品读语句，体会演说稿的表达特点及结构特色；积累优美语句，背诵感受最深的句段。

3. **学习要求**：通过诵读、想象等方法领略文中的优美语言，丰富内涵和充沛情感；运用"联系实际，深入思考"的读书方法，加深对课文内容的理解。

二、研学过程（自主、合作、探究学习）

1. 理解课文，学习生字（独立学习，小组检查）

【任务1】自读课文，直至读准字音，读通句子。

【任务2】自学生字词，了解文章大意。

（1）看拼音写汉字，并用"√"给带点的字选择正确的读音。

薄雾（bó báo）血液（xuè xiě）潺潺（chán cán）

（　　　）马　　雄（　　　）　　（　　　）儿

jùn　　　　　　　yīng　　　　　　　yīng

juàn　　　　　　zhī　　　　　　　lù

（　　　）恋　　松（　　　）　　麋（　　　）

（2）默读思考，厘清文脉。

本文属于总分总结构。第（　　　）—（　　　）自然段总写土地是神圣的。第（　　　）—（　　　）自然段表达了西雅图酋长对白人的强烈要求，分别从善待（　　　）、（　　　）、（　　　）三个层面来写。第（　　　）—（　　　）自然段进一步阐述人类和大地的关系，点明主题——大地不属于人类，而人类是属于大地的。

（3）画出含义深刻的句子，组内交流没读懂的地方。

2. 质疑探究，学习写法（独立思考，小组探讨）

【问题1】默读课文，思考：课文表达了印第安人对土地怎样的情感？从课文中找出依据。

组内探究，分组汇报：1—3组（第1—3自然段）；4—6组（第4—8自然段）；7—9组（第9—11自然段）。

【问题2】这篇课文在表达上有什么突出的特点？体会、交流这样写的好处。

三、研学运用（独立完成，小组展示）

【积累语言】放声诵读自己喜欢的段落，试着把优美的语句积累下来！

【读写结合】请结合课文内容，仿照例句写一段演说稿。

例句：（耕地）是我们的（身躯）。

我们是大地的一部分，大地也是我们的一部分。

（　　　）是我们的（　　　）；

（　　　　）是我们的（　　　　）；

（　　　　）是我们的（　　　　）；

我们和大地上的山川河流、花草树木……融为一体，密不可分！

四、研学拓展（课后自主学习）

【拓展1】推荐阅读《西雅图首长的宣言》。

【拓展2】就"家乡的土地、身边的资源是得到了保护还是遭到了破坏"这一问题，写一写自己的发现和感受。

【自我评价】为进一步提升学习效能，请自我小结这节课的收获与疑惑。

我知道了 ……	
我还想知道 ……	

【小组评价】请组长根据你这节课的表现给出评价😊 😞。

学习态度	参与讨论	课堂展示	学习效果

研语兼具，兴味意长

——《这片土地是神圣的》教学反思

国庆长假归来，我接到了一个光荣又充满挑战性的任务，在10月30日番禺区研学后教中期展示现场会执教一节小学语文研学后教公开课，接到任务后，心情既复杂又矛盾，如何让语文课既充满研学味，又不失浓浓的语文味呢？因为每一次设计公开课的教案，都是一个曲折反复、绞尽脑汁的过程，在一次又一次的设计、推翻、集思广益、重新更改中才能定型。这其中，有着耗尽最后一个脑细胞的痛苦，也有着灵光一闪的惊喜。这次执教《这片土地是神圣的》一课，我同样经历了这样一个备课三思的过程。辛勤耕耘换来累累硕果，最终该课例获得观课教师的一致认同与赞誉，既充分体现了研学味，又不失本真的语文味，课堂交织呈现出以下鲜明特色：

一、在读中涵咏

本课就读的形式有动情诵读，有激情唱读，也有静心默读；就读的主体有教师的读，更有学生的读，教师的美读是感染，学生的练读是体验。涵咏功夫兴味长。通过朗读，通过对停顿、重音、语速、语调的准确把控，把文章的意蕴、情感、韵味传递出来，让学生耳与心谋。《这片土地是神圣的》教学开课之初和结课之际均紧扣课题让学生读，中间围绕"神圣"读，对西雅图的话设置情境三读，带无奈的语气读，带叮嘱的语气读，带深情的语气读，真有一咏三叹之感。通过这样的美读揣摩，让学生感受到印第安人对故土难离的深情。这样的美读浸透着语文味。

二、在品中咀嚼

有语文味的教学必在品词品句上下功夫。阅读教学要引导学生咬文嚼字，要善于从课文结构特色处或情感磅礴处切入。执教《这片土地是神圣的》，我要求学生找出印第安人对土地情感的句子，当学生自读、自悟、自研之后，我投影相关语句及关键字词。引导学生细细品味这是一种怎样的情感，为什么要眷恋，然后扣住眷恋师生共同品味课文。

三、在写中回味

语文的人文性是以工具性为载体的，语文教学绝不能仅停留在朗读和感悟层面，还要让学生有实质性的动手写的训练，圈点批注、摘抄书作中洋溢浓郁的语文味。《这片土地是神圣的》在学习结束时，让学生根据研学成效，尝试初写演讲稿，这样的写深化了对课文的理解，品味了文章的情感，训练了写作的语感，语言文字的芳香之味自然流淌。

四、在说背中内化

课中还通过大量及形式多样的说，如两次想象练说、小组说、同位交流说等，让学生在说中感味，在说中咀嚼，在说中品读该文语言文字的深厚魅力。最后，要求学生当堂背诵，积累内化感受最深的优美语句，减轻课后作业的负担，体现研学后教课堂的高效性和即时性。

五、在"研学"中成长

研学后教给了学生充分亲近文本的时间、空间，让他们小组互助，自由畅想，自由表达。但同时学生又是一个不成熟的阅读者，作为教师，还需在关键处予以点拨，于淤塞处疏通、点醒，充分处理好阅读教学中"主体"和"主导"的关系，使研学后教的语文课堂真正呈现"研""语"兼具，兴味意长的扎实、高效学习状态。

每一次执教的过程，都艰辛而曲折。但在经历了这一完整过程的每一个环节之后，对教学的感悟也犹如脱胎换骨一般，日渐清晰。在一次又一次的历练中，我与学生一起成长着、幸福着……

高山流水　知音难觅

——古文《伯牙绝弦》教学设计

【教学目标】

1. 知识与能力

借助注释理解文意；品读语言，知道文章表达的"知音"情谊；学习写作特点，积累文言词的用法和精妙语句，背诵课文。

2. 过程与方法

积极开展自主、合作、探究性学习，在实践中学语文、用语文。

3. 情感态度与价值观

感受文言文的独特魅力，热爱中华文化；感受朋友间的真挚情谊，体会知音难觅、珍惜知音的美好情感。

【教学准备】

多媒体课件；研学案。

【课时安排】

1课时。

【教学过程】

一、以曲入文，导航启学

师：刚才同学们欣赏的这首古曲名叫《高山流水》，在清幽委婉的琴声背后，有一个吟诵千古的传说，它就是我们今天要学习的——伯牙绝弦。（读题、解题）

这是一篇文言文。全文仅5个句子，77个字，可谓字字珠玑，言简意赅。

再看课题，你脑海中会浮现出什么疑问？（质疑、生板书）

孔子曾说"学而不思则罔，思而不学则殆"。请大家带着思考迅速浏览研学案中的导航部分，看看本课的学习目标和要求是什么。（汇报）

二、研学铺垫，疏通文意

1. 自主合作完成研学铺垫

作为现代人，平时接触文言文的机会不算多，有信心挑战今天的学习吗？小组自主合作完成研学铺垫。（师适时点拨，关注小组学习进度）

任务1：自由读或以小组喜爱的方式练读。

任务2：第1—3题组内互检；第4题组内互说。（完成最快的两人交换检查，做小老师）

2. 研学铺垫汇报

任务1：请一组读，生点评；再请另一小组展示读，师评。生齐读。

任务2：第1—3题请一组借助实物展台校对，余生有不同看法的可以举手补充。第4题由生自主汇报，全班交流。

3. 教师导学

过渡：文言文有一个特点，不懂意思读不好。

（1）出示重点语句，指导朗读理解。

善哉，峨峨兮若泰山！（重点理解"哉"的古今词意，指导读出古文的悠长韵味）

理解"哉"：语气词，表赞叹。咱们来做一回古人。当回答巧妙时，会说——妙哉；当破解难题，心情愉快时，会说——岂不快哉；当伯牙鼓琴，志在高山时，钟子期说——善哉！

老师听出来了，善哉表示赞叹、赞美。变通一下，用我们现在的方式表达，肯定不只是"好啊"，还可以说成——（请生思考回答）

（2）实时小测、点评。

请同学们根据刚才的学习，自主完成研学练习1。（学生完成后，教师相机组织汇报）

（3）教师小结。

在古汉语中一个字往往有多种意思和用法，而现代汉语中也经常出现这

种现象，我们翻译的时候要学会灵活变通。

三、质疑探究，品读文意

1. 小组合作完成质疑探究中的问题1和问题2

师：要真正读懂文言文，还得走进字里行间细细品味。伯牙和钟子期之间到底发生了怎样的故事？请同学们结合之前的疑问，小组合作完成质疑探究中的问题1和问题2（出示）。

问题1：3人小组长组织，注意补充发言。

问题2：学科代表组织，关注导航内容及提取关键词句（学会用笔圈画），组织好语言再回答。

2. 汇报交流，相机导学

一千个读者，就有一千个哈姆雷特。在学习中，把你我的思想融合在一起大胆交流，将汇成智慧的海洋。哪一个小组来为大家展示团队的力量？

问题1：汇报，重点抓住文中两个"善哉"句品读理解。

志在高山，钟子期曰："善哉，峨峨兮若泰山！"志在流水，钟子期曰："善哉，洋洋兮若江河！"（出示句子）

（1）你从中读懂了什么？弦中有琴韵，韵中有心声，相机指导，读出激动、感叹、赞美之情，提醒关注感叹号。

引读（男生）：当伯牙弹琴志在高山，钟子期慨然感叹……"善哉，峨峨兮若泰山！"

引读（女生）：当伯牙弹琴志在流水，钟子期由衷赞美……"善哉，洋洋兮若江河！"

（2）想象说写。同学们，难道伯牙的琴声里只有高山，只有流水吗？大自然的一切都是创作的源泉，请同学们张开想象的翅膀，动笔完成研学练习2，用心去感受伯牙琴声中的艺术魅力！

（3）生口头汇报练习2。师：懂琴韵，明志向，知心声，看来同学们都快成伯牙的知音了！把这些用课文中的一句话概括出来，就是——伯牙所念，钟子期必得之。

问题2：汇报，其他组员可质疑补充。

（1）生生互动交流，教师相机点拨。伯牙贵为楚王的座上宾，名满天下并不缺少赞美，为何却只视子期为知音，发出了"春风满面皆朋友，欲觅知音难上难"的感慨呢？哪位同学愿意结合问题2为大家解疑？

（2）想象练说。世人皆知伯牙琴技高超，却无人知其志向胸怀。知我者——唯子期也！无奈世事难料，天意弄人。相约再见之时，子期却不幸染病身亡。（出示）面对一抔黄土，伯牙盘膝坐于坟前，挥泪两行，抚琴一曲。他想起了——（自由练说，生生交流）

（3）点拨小结。是啊，这因琴而结下的美好友谊，除了子期，茫茫人海中无人再知，无人再晓。悲痛之际，伯牙唯有摔琴明志，以谢知音！

四、总结升华，完成评价

1. 全文诵读，升华总结

后人根据这个动人的故事，编写了一首千古名曲《高山流水》，伴随着悠扬的旋律，让我们带着对伯牙子期相知相惜的亘古情谊，齐诵课文。

2. 完成评价，检测学习目标达成度

知音故事学到这里已近尾声，请完成自我评价和小组评价。

3. 布置拓展，延伸课外

板书设计：

25　伯牙绝弦　　文言文　　　？

韵　心　谊　　一字多义　　为谁

知音　　　　灵活变通　　为何

205

以案导学　以研促学

——《伯牙绝弦》研学案设计意图解析

一、研学背景

1. 故事背景

伯牙是春秋时期楚国一位著名的音乐家，琴技高超。钟子期是一个靠打柴为生的樵夫，有很高的音乐鉴赏能力。伯牙在楚国做宫廷乐师。一天，楚王君臣饮宴，请伯牙弹琴助兴。伯牙弹了他的成名大作《水仙操》。他弹得非常投入，把琴曲所描写的红日、云霞、山林、海浪，以及风、雨、雷、电等变幻多端的海上风光表现得淋漓尽致。但他没想到，就是这样一首优秀的乐曲，却不能引起楚王君臣的丝毫兴趣。楚王听了这首乐曲连连摇头说："太嘈杂了，换首别的弹弹吧！"伯牙只好改弦更张，换了一首《高山流水》。这时，楚王君臣已经喝得酩酊大醉，有些人甚至在琴声中已昏昏入睡。伯牙既气愤又伤心，在这所谓的上流社会里，艺术竟然遭到如此践踏。他心中产生了疑问：天底下究竟有没有知音？

【设计意图】这篇古文讲述的是2000多年前的故事，由于时空差异，学生对故事中的人物、背景均比较陌生，教师将精心编辑的、适当的故事背景资料呈现给学生，既能更好地帮助学生深入理解文本及体悟其传达的情感，又避免了学生在漫无边际的搜索阅读中，花费了时间、精力却把握不到文章的主旨。

2. 研学目标

借助注释把握文意；品读语言，知道文章表达的"知音"情谊；学习写作特点，积累文言词的用法和精妙语句，背诵课文。

【设计意图】本课学习目标能根据学情、教情，设计恰当合理，为学生提供了清晰的学习路线图，紧扣文言文文体特点，把握重点，突破难点，有效引导学习，学生通过研学做到一课一得，思有所获。同时，目标设定可观察可测量，有助于学生在评价中自我观照反思。

3. 学习要求

认真思考，善于聆听，积极交流，大胆展示。

【设计意图】紧扣区研学后教课堂教学改革的宗旨，充分发挥学生在学习中的积极性、主动性，充分体现小组学习、合作学习的新课标理念和精神。

二、研学问题（自主、合作、探究学习）

1. 研学铺垫

任务1：翻开课本第137页，练读课文2遍，要求读准字音，读通句子，并试着读出文言文的节奏和韵味。

任务2：自主完成，组内互检。

（1）给下列字注音。

弦（　　　）哉（　　　）兮（　　　）峨（　　　）

（2）"伯牙绝弦"中的"绝"是指（　　　），"弦"是指（　　　）。

（3）"知音"是指＿＿＿＿＿＿＿＿＿＿＿＿＿＿＿＿＿＿＿＿；

后人常用"高山流水"比喻＿＿＿＿＿＿＿＿＿＿＿＿＿＿＿＿＿＿＿。

（4）借助注释，在小组内读一读，说一说句子的意思。

伯牙善鼓琴，钟子期善听。

伯牙鼓琴，志在高山，钟子期曰："善哉，峨峨兮若泰山！"

伯牙谓世再无知音，乃破琴绝弦，终身不复鼓。

【设计意图】此环节设计意图在于让学生通过自主、合作学习，在读准、读通、读熟课文的基础上，初步感知文意，体会文言文的音韵美、节奏美，也为深入理解文本作铺垫。

2. 质疑探究（独立思考，小组交流）

问题1：默读课文，认真思考：你从哪些语句中感受到伯牙和钟子期的知

音情谊？为什么？

问题2：仔细阅读研学导航中的故事背景，结合课文思考：伯牙并不缺少赞美，却为什么只视子期为知音？（请根据阅读指导教学的要求，紧扣关键词句答题）

【设计意图】此环节设计目的是学生通过独立思考、小组交流等探究性研学过程，进一步理解故事内容，品悟重点词句的妙用；同时紧扣阅读四步法，抓关键词句阅读故事背景资料，为深入研讨问题2做好铺垫，有助于学生更好地理解人物之间互为知音的深厚情谊。

三、研学练习（独立完成）

练习1：对比思考，写出"善"字的意思。说说你从中悟出学习文言文要注意些什么。

善鼓琴：　　　　善听：　　　　善哉：

练习2：想想下面的词语有什么特点，试着写几个积累下来并仿写句子。

芳草萋萋　　　春雨绵绵　　　雨雪霏霏　　　霞光灼灼
滔滔江河

例句：志在芳草，钟子期曰："善哉，萋萋兮若芳草！"＿＿＿＿＿＿＿

＿＿＿＿＿＿＿＿＿＿＿＿＿＿＿＿＿＿＿＿＿＿＿＿＿＿＿＿＿＿＿＿

＿＿＿＿＿＿＿＿＿＿＿＿＿＿＿＿＿＿＿＿＿＿＿＿＿＿＿＿＿＿

【设计意图】结合本班学生的学情及文言文的文本特点，教师精心设计理解、积累、运用范畴的练习，展现学生学习梯度。习题实用性、针对性强，既源于文本有所提高，又不远离文本过度发挥。同时，通过独立完成研学练习，既能检测学生对文本的理解感悟，又促使学生在语言文字的消化积累和仿写运用中，关注学法，总结归纳。

四、研学拓展（课后自主学习）

拓展1.推荐阅读明朝冯梦龙所著《警世通言》之《俞伯牙摔琴谢知音》。

拓展2.欣赏乐曲《高山流水》等古典音乐，还可以了解音乐背后的故事与同学分享。

【设计意图】结合单元学习主题、教材课后拓展和课外阅读的主题，让学生根据学习兴趣，自主选择拓展1或拓展2进行课后自主研学，并适当整合学习资源，组织交流分享，让研学源于课内，延伸课外，不因课堂学习结束就戛然而止，体现"大语文"教学观。

自我评价： 为进一步提升学习效能，请小结这节课的收获与疑惑。

我知道了 ……	
我还想知道 ……	

小组评价： 请组长根据你这节课的表现，用"√"给出评价。

学习态度	参与讨论	课堂展示	学习效果
😊 😞	😊 😞	😊 😞	😊 😞

【设计意图】评价是手段而非目的，恰当的评价设计能更好地激发学生的学习兴趣，在不增加学业负担的前提下，助其养成勤反思、善总结的良好学习习惯。该自我评价环节结合学情，引导学生积极思考课堂所得，及时总结存疑，以便教师集中教学精力，有针对性地疏理学生疑问，解答疑难。同时，通过小组评价，激励、督促学生自我提升，大胆参与展示，培养学习自信和团队合作精神，达到教是为了不教的素质教育育人目标。

209

用"猜读法"速读整本书

——《罗伯特的三次报复行动》阅读指导

【导读目标】

（1）介绍学校图书馆，激发学生阅读兴趣，让每个学生爱看书，乐读书。

（2）带学生初读《罗伯特的三次报复行动》；帮助学生学会"根据书名、提要和目录了解故事梗概，并尝试推测一本书的重点内容"的策略；初步运用"写批注"的方式进行个性阅读。

（3）通过本次读书活动，引导学生初步感受宽容等美好品质在师生心灵成长中的重要作用。

【导读过程】

一、聊书读诗

师：我们学校图书馆藏书丰富，上自天文地理，下至军事历史，还有经典名篇、小说散文，包罗万象，无所不有。自开展读书活动以来，大家都爱去图书馆借书，也爱上了看书。来，我们聊一下，你平时喜欢借阅什么课外书？

师：是呀，书的世界精彩神奇，令人流连忘返。记得美国诗人惠特曼在一首诗中这样说："每读一本书，小朋友都在走向经典，走进优秀。"这里有著名儿童文学作家任溶溶写的一首小诗，我们一起轻轻地读——

过渡：书到底该怎么读？或许每个人的方法与感悟都不一样！今天，黎老师到这儿来上课，准备和大家一起用猜读法读一本非常有趣的书，这需要极大地挑战同学们的想象力！有信心吗？

二、走进故事，初步了解故事重点

（一）出示书的封面

（1）猜内容。真精神！来，让我们响亮地喊出它的名字。请大家仔细观察封面（留意图画、文字等传递的丰富信息），看完之后，大胆猜一下故事可能会讲些什么？

（2）猜职业，说理由。想象是阅读的第一步，像现在这样，我们已经开始读这个故事了。这本书的主人公叫罗伯特，这儿有一个是他所从事过的职业，你觉得是哪个，最好能说出你的理由。

（二）出示内容提要

师：同学们刚刚做了那么多的猜想，怎样才能最快揭晓正确答案呢？

师：一节课我们可看不完整本书。对，看书的内容提要，也就是故事梗概，能最快地帮我们了解故事的主要内容！放声读一读吧——（幻灯片出示，自由读）

师：从你们闪亮的眼神中，黎老师知道了罗伯特原来是一名——教师。他三次报复行动的对象分别是……（学生回答）

读完提要，此时此刻，你脑海里还有什么疑问？

三、共读——第一次报复行动

（1）一位已经退休的教师要报复学生，太让人吃惊了！你们一定想知道其中的原委，我先讲述罗伯特第一次报复行动中的精彩片段，请大家边听边留意，哪些地方是你觉得最好笑、最意想不到的？（师讲故事）

（2）生交流故事中意想不到的笑料。

师：第一次行动中，哪些是你觉得最好笑、最意想不到的？谁先来？

（3）过渡：作者绘声绘色、幽默有趣的语言描写仿佛把我们带到现场，身临其境地目睹了事件的整个过程。谁能用一个词来概括，这是一次怎样的行动？

四、细读——第二次报复行动

（1）过渡：30多年前，勒康搞砸了课堂；30多年后，罗伯特搅乱了餐馆。

这确实是一次意想不到而又笑料百出的行动。但第二次更精彩，想不想看？

师：别急，阅读有时候可以根据封面猜想，有时候也可以根据前面的情节，推测故事的发展，不过推测是有根据的。请同学们细心默读，留意故事的情节。

（2）看完后先在心里想一想，根据前面的情节，罗伯特老师会怎样设计第二次行动？（推测故事接下来会怎么发展）想好了全班说一说。

（3）过渡：大家预测的结果对不对，等读完第二次报复行动就知道了。

师（出示《罗伯特的三次报复行动》）：这么厚的书，怎样才能一下子找到要读的部分呢？（看目录）第几章能为我们迅速揭开谜底？（第十章）

小组长下发阅读材料，大家静静地默读，并想一想：罗伯特这样的报复过分吗？同时，大家还可以试着用笔来思考，在印象深刻的语句旁边写下自己的感受，这就是给文章作批注。它会使阅读更深刻，更有个性。

（4）说一说，议一议。

① 师：好，现在请每个小组围成一圈，选择一个话题交流，注意要说出自己的理由。（小组讨论）

② 小组交流，师择机点评。

五、速读——第三次报复行动

（1）过渡：让我们继续前进，该猜哪一次了？

第三次报复行动，当时是这样的——请大家迅速浏览，同时关注故事中的名字，这是一条十分重要的线索。

师：谁能试着用"因为……所以……"说说罗伯特老师所受的捉弄？

（2）师讲述：11年后，"奥德蕾·马赛克毛毛"成了一位大明星。她嫌自己的姓氏难听，于是把姓"马赛克毛毛"去掉，让别人直呼其名"奥德蕾"。这一年，她要在家乡举办一场个人演唱会，罗伯特特意请妈妈买了门票，准备在演唱会上实施他的报复行动……同学们，你觉得他可能会怎样实施自己的第三次行动？

（3）交流后揭晓答案：你瞧，根据名字这条线索进行推测，这就是预测阅读！

六、总结延伸

师：那罗伯特到底有没有这样做呢？来，投票表决一下，觉得第三次行动会成功的请举手！觉得不成功的——也请举手！

同学们，在故事结尾出现了这样感人的一幕——（出示图片）师生俩居然见面了，这在前两次行动中可是从未出现过的。要想知道其中的原因啊，读完整本书一定能找到答案。

其实，这本书是由法国作家让·克劳德·穆莱瓦的一出幽默喜剧翻译而成的，书的开头有作者的一段献词，而在本书的尾声部分又出现了这样一段话——来，让我们一起把对罗伯特老师的衷心祝福，先用最真挚的感情说出来——

师：猜测，让阅读充满奇妙，充满欢笑。其实，每个孩子都有童年的淘气和恶作剧，退休的罗伯特老师会不会真正报复当年的那些淘气包？作者要表达的到底是一种怎样的情感？这一连串的疑问与精彩章节都隐藏在书中，短短40分钟是读不完的。请同学们课后到图书馆借来再细细品读，并想想这三次行动在写法上有哪些相似和不同之处。也可以把自己的点滴感受上传至学校的读书网站，进一步探讨交流。

"预测"开启阅读之旅

——《狼大叔的红焖鸡》绘本阅读指导

【导读目标】

（1）引导学生把观察、想象、预测与阅读经验相结合，指导学生根据故事情境猜测和推想，提高学生的想象能力和创造能力，锻炼思维能力。

（2）通过阅读交流，让学生感受到爱的力量有时可以将坏蛋变成好人，改变评价事物的固定方式。

【导读重难点】

（1）重点：在故事情境中让学生展开想象预测，创编故事。

（2）难点：在阅读交流中，激发学生丰富多元的想象和多角度阅读体验，初步了解预测故事要有一定的依据。

【导读过程】

一、创设情境，激趣导入

（1）谈话引入，说说你觉得狼是一种怎样的动物。

（2）认识绘本，观察封面，猜想故事情节。

①认识绘本：有文字，有插图，图文并茂。

②引导学生观察封面，你了解了哪些信息？也可以猜想故事情节。

③过渡：和小朋友猜想的一样吗？咱们赶紧读故事吧。

二、引读故事，读中细想

（1）课件出示第一幅图。

从前，有一只狼，它喜欢各种各样的美食。除了吃，它再没有其他的爱好了。它总是吃完了这顿饭，马上开始想下一顿吃什么呢？

师：这只狼怎样？

（2）课件出示第二幅图。

有一天，狼大叔突然很想吃红焖鸡。一整天，它都在森林里走来走去，想找一只肥嫩的母鸡。最后，它终于发现了一只鸡。

师：看，此时狼大叔心情怎样？会想些什么呢？

"啊，这只鸡红烧正合适。"它想。

（3）第三幅图：

狼大叔蹑手蹑脚地跟在母鸡后面，越靠越近。当它正要伸手去抓它的猎物的时候……

"蹑手蹑脚"是什么意思？谁能表演一下？

当它正要伸手去抓它的猎物的时候……发生了什么事？大家猜猜。

（4）出示第四幅图，指名读文字：它有了另外一个主意。"如果有什么办法能让这只鸡再胖一点，"它想，"我就能多吃几口肉喽……"

师：真是一只贪吃的狼！如果你是狼大叔，会用什么办法让这只鸡再胖一点呢？

师：预测不是随意猜测，得有一定的依据或理由。故事题目、插图、内容里的一些线索，都可以帮助我们进行预测。

故事内容与预测内容可能一样，也可能不一样。同学们预测的内容与故事的描写是否一致呢？我们一起来看看。

（5）第五幅图：狼大叔跑回家，冲进厨房，开始准备……

师：它都准备了什么？让我们一起走进书中去了解，可别忘了一边读文字一边看图。因为图中隐藏着很多秘密！

第二辑 创新课堂 光彩重生

三、读后回想，交流所得

（1）师：狼大叔为了让母鸡长得胖一点，做了哪些东西送给母鸡？

师：此时狼大叔做了这么多好吃的东西是好心送给母鸡吃吗？

有句话狼大叔反复说了三次，是哪句话呢？

出示："快吃吧，快吃吧，我可爱的母鸡，长得肥肥又胖胖，让我痛痛快快地吃一场！"它小声念叨着。

师：从这句话中可以读出此时狼大叔的心情是怎样的？

（急切地盼望母鸡快点长肥长胖）

那就让我们带着这样的心情来读读吧！

过渡：（第九幅图）终于，万事俱备，那是狼大叔一直期待的一个夜晚。它把一个大号焖锅取出来装满水，放在火上，然后就兴高采烈地出发了。

（2）情景对话，展开想象。

出示第十幅图：

师：狼大叔来到谁的家？门上写着什么？猜猜家里还会有谁？狼大叔会怎么样？母鸡、小鸡会怎么样？谁来猜猜故事的结局？

（3）师：真正的故事结局是不是这样的呢？

出示文字："那只鸡现在一定胖得像个气球了，"它想，"让我先看看。"就在要往母鸡家里偷看的时候……

（4）师读最后一段话。狼大叔一心想吃红焖鸡，花了那么多心思，为什么最后却没有吃它们？

四、分享体会，评头论足

师：喜欢这个故事吗？是啊，有趣的故事、善良的鸡妈妈、可爱的鸡宝宝，最最搞笑的狼大叔。读完后，同学们心里肯定有一些想说的话，请写在你爱的甜甜圈上吧。

五、推荐新书，拓展阅读

其实还有许多像《狼大叔的红焖鸡》这样有趣、生动的图画故事书，如《秋秋找妈妈》《最强大的勇士》《猪先生去野餐》等，你们可以去借阅。

不过读的时候可别忘了读绘本的方法。生看板书说方法。

【童言妙语】

爱的甜甜圈

致亲爱的狼大叔：

你的甜甜圈非常好吃，小饼干看上去像个飞碟。我非常喜欢你喂的小鸡们！

谢谢你给鸡太太还有小鸡们吃一百个煎饼、一百个甜甜圈、一百层的蛋糕。如果狼大叔给我做吃的，我会说："辛苦了，狼大叔。"鸡太太和小鸡们好幸福……

你做的煎饼、甜甜圈、蛋糕、小饼干，看起来真的很好吃！看得我也想吃。我真的觉得你喂的那些小鸡好可爱呀！

你真好，最后还是没有吃小鸡！小鸡爱死你了。

你前面虽然很坏，要吃红焖鸡。可是你后面没有吃到，但也没有再想其他办法吃鸡妈妈和小鸡，我很喜欢你！

谢谢你给了我一个快乐幸福的故事。

你做的甜甜圈、小饼干、大蛋糕非常好吃，小鸡们和大母鸡都非常开心，你真是一个大厨师！

你真的改变了自己没有去做坏事，而做了好事。你还做了一百个煎饼、一百个甜甜圈、一百层的蛋糕给小鸡吃，你变得很善良，我真高兴！

你的爱心感动了我们。我希望你以后好好照顾小鸡，跟小鸡们做朋友，跟它们开心地玩吧。

狼大叔你太好了，我觉得小鸡会很喜欢你的。你可以养这些小鸡，因为你的厨艺太好了。小鸡们觉得你做的食物很好吃，你就可以再做好吃的。

亲爱的狼大叔，请你给小鸡们多吃一点甜甜圈，也要多给鸡妈妈吃，我也要吃哦！狼大叔真厉害！

虽然你很坏，但我知道你心里还有很多很多的温暖。你能喂给小鸡吃饼干已经是非常善良了。我一定支持你的，狼大叔。

我要一个大大的蛋糕，专门用来给我做生日蛋糕。谢谢您，狼大叔！

谢谢您给小鸡们烤了一百个煎饼、一百个甜甜圈、一百层的蛋糕。所以每只小鸡都会吻你一下。母鸡就会请你吃大餐……

第三辑 创新课堂 光彩重生

为什么你一门心思想要吃鸡太太，最后为什么不想吃还喂小鸡吃好吃的？我们班的同学有一百种说法，请你告诉我好吗？期待你的回信。

致亲爱的鸡太太：

谢谢你生了好多小鸡，还好我从不吃鸡。

是您改变了狼大叔的坏主意，和狼大叔交了朋友，真得好好谢谢您，还要谢谢可爱的小鸡们，也和狼大叔交了朋友，帮狼大叔改变了坏主意。

致亲爱的小鸡们：

小鸡们，对不起，我以前对你们不是很好。不过我现在已经改了。请你们原谅我可以吗？

狼大叔其实要把你们的妈妈养胖，吃掉她！狼大叔去你们家时，是要吃她！要不是你们的热情，你们就没命了！

你们真是太笨了。狼大叔是想吃了你们，所以才送甜甜圈的。可最后他后悔才不吃你们的。

狼大叔给你们送的饼干、甜甜圈、蛋糕本是想喂给你们的妈妈让你们的妈妈长胖一点儿然后吃掉。没想到你们对他这么好，他就天天给你们做好吃的。

谢谢你给了我一个快乐的故事。你让我知道了坏人能变好人。

狼大叔给你们做了一百个煎饼、一百个甜甜圈和一个一百层高的大蛋糕，你们觉得饱不饱？你们觉得狼大叔做得好不好？

致亲爱的黎老师：

谢谢您给我们美美地读这故事。您读得很有感情，也读得很优美。谢谢您，给我们讲这个故事。

亲爱的黎老师，感谢您跟我们讲《狼大叔的红焖鸡》这个故事，谢谢！

感谢您给我们讲这个名叫《狼大叔的红焖鸡》的故事。

谢谢黎老师的陪伴，我们也会一起陪伴黎老师的，我们一起学习，一起交表扬信。谢谢你，黎老师！

致亲爱的甜甜圈：

我非常想吃你！我非常想吃你！我真的非常想吃你！求你了，你给我吃一口吧。一千亿个求你。

致亲爱的庆子阿姨（即作者）：

我不知道你是谁，但是我很想和你做朋友，谢谢你带给我好看的绘本故事。

遵循儿童认知规律，有序有效教拼音

——赴港执教汉语拼音《ao与ou》教学案例

一、教学背景分析

语文与生活相联系。儿童学习汉语拼音，是一个从言语实践中来又回到言语实践中去的过程，是一个将已有生活经验与学习对象建立起新的联系的过程。本课在教学时，一改传统的先教复韵母再教音节的做法，而是直接从生活语言中提取学习音节，然后尝试读复韵母。这种逆向教学使学生所学新知与生活实际相联，既激发了学习兴趣，又符合孩童的认知规律。

二、教学设计理念

（1）遵循汉语拼音教学规律。注重多维度训练，尝试将汉语拼音、识字、口语交际教学进行充分整合。

（2）学生学习方式的转变。在本课的教学设计中，大胆对教材进行整合，让学生在尝试、探索中，培养自主发现的探究精神；在与同伴学习中，养成合作探究的习惯。

三、教学过程实录

1. 激趣导入，温故知新

师：今天，拼音王国里来了6个小娃娃，是同学们认识的老朋友。来，让我们一起热情地和它们打声招呼。（课件出示：6个单韵母，生齐读）

师：记性真好。这兄弟姐妹6个都来自拼音王国里的一个大家族，它们有

共同的名字，叫——单韵母。（生齐答）

师：小朋友真聪明。现在，单韵母要和大家玩一个"超级变变变"的游戏，还认得吗？（以游戏"开火车"的形式，认读a、o四声卡片）

师：这两个很像，谁会？（出示á—à、ó—ò，男、女生分读）

2. 引导发现，自主探究

师：读得真准！看来这些问题难不倒大家。可单韵母不服气，说："我还要再变。"看，这是什么？——（课件出示：书包）

生1：一个书包。（师亲切地鼓励学生把话说具体、说完整）

生2：图上有一个粉红色的书包。（师肯定学生的进步，课件再出示：城堡）

生：图画上有一座漂亮的城堡。

师：请同学们仔细观察，图上这两个音节有哪些相同与不同？

（生自由说发现）

师：在这两个音节里，都躲着单韵母a和o。它们肩并肩站在一起，组成了一个新的复韵母，就是我们今天要认识的新朋友——"ao"（贴示）。

师：请你用眼睛仔细看老师口型的变化，听听a、o两个单韵母，是怎样发出这个复韵母（师手指ao）的音。（师范读）

生1：老师的嘴巴从大的变成小的。

生2：嘴巴先张得大大的，然后变成圆圆的。

师：眼睛真亮！读ao的时候，口型要有变化，就是张大嘴巴先发a，声音要响亮，然后慢慢滑向o的口型，读得快一点儿，就是——ao。请跟老师一起试试。（生跟读）

师：学得真快！这个好方法是同学们自己发现的，谁愿意做小老师？

（生读，略）

师：大家精神这么饱满，有没有信心一起去挑战ao的四声（贴示）？来，先自己练练，等会儿看谁读得最响亮。

（以小组开火车的形式检查ao的四声，再齐读）

师：看见拼音城堡里这么好玩，急性子的声母哥哥"b"也赶来凑热闹，它最先见到ao四姐妹中的老二。哎！老朋友一相碰，它们神奇地发现自己变了样，读音也不同了。该怎么念呢？（出示：b—áo—báo）

（学生拼读，略）

师：（将音节与生活实际相联系，出示薄饼图片）刚才拼读的是我们小朋友都爱吃的薄饼。课堂上不能吃没关系，声母哥哥还为我们准备了一个小游戏。

（课件出示：猜猜我是谁？生齐读）

师：想玩吗？别急，听清楚游戏规则：老师这儿有三种颜色的卡片，上面每个词语都含有b和ao两个音。先请小组长抽一张，带领同学们轻声拼读，看看是什么，然后派代表上台表演，其他组一起猜。

（小组交流，师巡视。汇报时，学生们纷纷举手）

师：哟，动作很快，来，请你们组来表演！

（一组学生上前，用动作表演互相拥抱）

师（笑）：猜到了。来，你说！

生：拥抱！（学生读成了第三声）

师：再来一次！

生：拥抱！（仍读错）

师：是第四声，拥抱！（师范读，纠正）来，再试一次！

生（拼读）：b—ào——bào，拥抱！（读对了）

师：很好，同学们跟他们一起读！

生（齐）：b—ào——bào，拥抱！

（第二组上前，表演妈妈抱孩子的动作）

生1：宝宝。（两个字都读成了第三声）

师（纠正）：孩子，后面那个没有声调，看清楚！对，要读得轻一点儿。

生2：宝宝。（受方言影响，仍然读错）

师（示范，学生跟读）：宝宝！

师：哎，下面的同学也在仔细听。咱们一起比一比，看谁学得更快更好！

生3：宝，宝宝。（读成了第四声）

师（发现错误）：谁读了第四声？

（老师把读错的那个女孩轻轻拉到自己身边，再指导，经过师生连续四次努力，学生终于读对了）

师：她这次有没有进步？

生：有！（同学和台下观课的教师不约而同地把掌声送给了她！）

师：谢谢！请回座位。大家都看见了，对粤方言区的同学来说，学拼音确实不容易，可只要我们不放弃，就一定能学会。再请一组同学，好吗？

（最后一组上前，动作表演吃面包，许多学生猜不出来）

师：有同学说很难猜。来，最后那个男生，请你猜猜看！

生：面包。

师：哦，读得真准！你们有没有信心挑战他？来，试一试！

生（齐读）：包，面包。

师：看到你们的进步！真好！

（这组学生下场，其他同学的学习热情很高，仍纷纷举手要求表演）

师：小手还举得这么高，别急，等会儿黎老师再给机会！

3. 学法迁移，形成能力

师：大家学得这么认真，有一位朋友看见了，忍不住要从空中飞过来，是什么？（课件出示：海鸥）

生1：小鸟。

师：它有着宽宽的翅膀，经常在海边飞。

生2：是海鸥。

师：在它身上就躲着我们今天要认识的第二个朋友（课件出示ou）。能力大挑战——谁能用刚才学习ao时的发音方法读读ou的音？

（生读，略）

师：声音真响亮。下面请同桌合作，读读ou的四声。读错的互相纠正，读对的请你给他一些鼓励。最会合作学习的，老师奖他一颗合作星。（师巡视）

（学生汇报读，生生互相评价）

生1：他们读得非常好。

生2：很好。（一个平时很少发言的男生勇敢地表达了自己的看法）

师：虽然只有一个词，也是发自你内心的评价，对吗？（男生羞涩地点头）

生3：我觉得我们那组刚才读得很好。（一生很自信地站起来评价自己）

生4：他们的声音很响亮。

师：那我们就声音响亮地读一读。（男、女生分读，男生主动争取先读）

224

4. 拓展运用，总结提升

师：时间过得真快，拼音宝宝要回家了。我们动动脑筋，一起帮它们用铅笔画出回家的路线图。

（分发工作纸，小组合作完成，师巡视）

师：你是怎样帮拼音宝宝找到家的？

（请生上台汇报，略）

师：请你从工作纸上挑自己喜欢的词说一两句话。（出示：创意大挑战——我会说）

（学生相互交流，师巡视）

生1：动物园里有很多花豹，样子很凶。

生2：南美洲有很多花豹。

生3：爸爸在卖报纸。

生4：蓝蓝的天空上有很多海鸥。（师提醒换成"天空中"更恰当）

生5：我看到报纸上有很多关于奥运的信息。

生6：我有一个木偶，我很喜欢它。（说得不连贯，师鼓励她连起来再说一遍）

师：从拼音到词语、到句子，只要认真学，每个人都能掌握。生活中还有很多东西，与我们今天认识的ao、ou两个拼音有关。希望同学们下课以后细心去寻找，我们的学习就会有更大的收获。

四、教者课后反思

此课本着"高效、大容量、有梯度"的原则进行设计。在教学中积极创设情境，培养学生的倾听意识、合作意识、探究意识等，使课堂教学更高效。

1. 以情境为链接，还课堂亮丽色彩

拼音教学向来被认为是枯燥乏味的，本课在设计之初，就力求突破这一点。为了让课堂兴趣盎然，充满生机，我以拟人化的拼音宝宝、拼音王国来贯串整个教学，使学生们学起来有滋有味。

2. 知识与练习自然穿插，使学与练有机交融

任何教学的终极目标都是为了让学生能举一反三，灵活运用。所以本课

我设计了同位合作评价读、运用工作纸拓展练说等环节，将学与练巧妙地结合，让知识在学生头脑中更能运用自如。

3. 同伴协作，培养学生的合作探究意识

在课堂上，除了老师，孩子最重要的学习伙伴就是同学。本节课，我充分运用生生互动的机会，使孩子们尝试同桌相互读、合作读、评价读；小组共同拼读，完成音节游戏；以及小组合作，动手完成工作纸并汇报等形式，使学生在尝试合作中互帮互学，共同体验成功的快乐，树立学好拼音的信心。

4. 真诚鼓励，使课堂评价充满智慧

学拼音对香港孩子来说是一个难点，尤其是在普通话说得不流利，要顺畅表达自己想法都有困难的情况下。因此，课堂上教师亲切的笑容、善意的引导、真诚的评价，都是孩子们乐说、敢说的催化剂。课堂上，不怕孩子们说错，也允许他们犯错，只要他们敢于表达，教学就成功了一半。

5. 多维度训练，有效整合拼音、词语、句子教学

拼音教学并不是孤立存在的，教拼音是为学中文打基础，增强孩子学习的自主性、能动性。所以，设计伊始，我就在思考如何将拼音与词句教学有效整合，提高课堂容量，增加孩子的学习内存。本课教学通过"猜猜我是谁""送拼音宝宝回家""创意大挑战——我会说"三个环节，清晰地体现了学生"认读复韵母—拼读音节—说话训练"的整个过程，有效地达到多维度训练的预定目标。

五、观课教师回应

（1）学习尊重孩子"拼音—词语—句式"的发展规律，使学生很容易掌握；同时课堂注重创设情境，运用多种教学策略，让孩子在游戏中学习，很好！

（2）我是一名新教师，从该课例中，我增强了汉语拼音教学的信心，因为并不困难，我也可以尝试设计相似的活动。

（3）从黎老师的课堂上，我们看到教学只要遵循规律：情境和复现，拼音教学并不可怕。路就在脚下！

六、专家点评

此课作为一节优秀的展示课，可圈可点的地方很多，以下几点最值得大家借鉴和推广：

（1）着眼于趣味，以拟人化的"拼音宝宝""拼音王国"来贯串"猜猜我是谁""送拼音宝宝回家""创意大挑战——我会说"等教学环节，使学生们学得有滋有味，情趣横生。

（2）着眼于学法，引导学生在教师的范读中观察发现拼读方法，然后尝试拼读并说话，使学生们将拼音这个普通话学习的"拐杖"运用自如。

（3）着眼于自信，教师注重运用智慧的引导，赏识的评价，来催化学生们敢说乐说的信心，体验拼音学习的成功。

（4）着眼于发展，通过"认识复韵母—拼读音节—说话训练"的学习过程，实现了拼音、词语、句子教学的有效整合。

第三辑 创新课堂 光彩重生

如何构建扎实高效的学习型课堂

——穗港交流执教《杨柳》教学案例

一、背景篇

4月的一天，香港中文大学普通话教育研究及发展中心广州教学观摩团一行人，在广州市及番禺区教研室教研员的带领下，抵达市桥德兴小学开展教学专题研讨活动。

当天，观摩团成员与番禺区小语教研员张坤炽、汪秀梅老师，市桥城区教育指导中心周洪冰老师及德兴小学的全体语文教师，先共同观摩了由区小语名师工作室主持人黎丽老师执教的《杨柳（香港启思版教材）》阅读课例，再围绕香港教师感兴趣的问题，对议课、评课及"如何构建扎实高效的学习型课堂"进行专题研讨。另外，该校语文科组还从《执着语文本真　锐意开拓进取》之"重实干，常规教学持之有效；抓科研，校本教研成果斐然；突亮点，读书活动打好底色"三个方面重点介绍了科组建设特色，以及近年来陆续获评为"广州市语文优秀科组"及"番禺区语文优秀科组一等奖"的优秀经验。香港教师对德兴小学展示的语文高效课堂教学和学生良好的语文素养赞不绝口，踊跃发言，积极取经。区、镇教研员和德兴小学的语文老师也毫无保留地为他们解疑答难、传经送宝。两地教师在轻松愉快的访谈互动中，为穗港语文教学专题研讨交流，共同谱写了新的精彩华章。

二、困惑篇

在内地的语文教学中，其基础知识的教学，重在渗透（渗透在日常的语文教学之中）、重在运用（能够在语文实践的过程中潜移默化地运用语文知识），而在香港，语文基础知识的学习是中文科课程的一大学习范畴；语文基础知识的编排，是中文科教材的重要组成部分。

如何在语文课堂进行高效教学？内地的孩子是如何通过听说读写等课堂教学环节学习掌握中文，并提高语文素养的？同样的教材内容为何在香港安排6—7课时，内地却用1—2个课时就能完成教学？……对这些问题，香港教师既感兴趣又有许多迷茫和困惑。为此，在活动开展之前，他们特意提出不如用内地同年级学生，上一节香港教材的语文课，让他们观摩比较两地学情、教情的异同，以便通过观课议课及专题研讨，与内地教师进行教学观点碰撞，教育智慧交流。同时，德兴小学语文科组也就积极思考探讨如何构建学习型小语课堂、如何提高语文课堂教学效率，与香港教师共同寻找"课堂"出路，解决"教学"困境。

三、案例篇

【教材呈现】

级别：小五

内容：香港启思版中国语文五下第13课《杨柳》。讲读课，改编自丰子恺写于1935年的散文《杨柳》。

假如我要赞美一种植物，我一定赞美杨柳。昨天天气很好，埋头写作到傍晚，累了，走到西湖边的长椅上坐坐。看见湖岸的杨柳树上，好像挂着千万串嫩绿的珠子，在温暖的春风中飘来飘去，画出许多轻柔的线条来，觉得这种植物实在美丽可爱，值得赞美。

听人说，杨柳是最贱的。剪一枝条来插在地上，也会活起来，后来变成一株大杨柳树。它不需要好的肥料或小心栽培，只要有阳光、泥土和水，就会生长，而且长得非常强壮而美丽。

我赞杨柳美丽，但它的美和牡丹不同，和别的一切花木都不同。杨柳的美，主要是下垂。花木都是向上发展的，红杏能长到"出墙"，大树能长到"参天"。向上原是好的，但我往往看见枝叶花朵一味向上，似乎忘记了下面的根，觉得它的样子有点可恶。它们只管高高在上，贪图自己的光荣，对于养活自己的根，绝不理睬；甚至被剪下来插在花瓶里，它们还是顾影自怜，在那里争取最后一刻的荣华。花木大都如此，真是可恶又可怜！

杨柳没有这般可恶的样子：它不是不会向上生长，它长得很快，而且很高；但是越长得高，千条万条，越垂得低，总不忘记根本，常常俯首看着下面，借了春风之力，向处在泥土里的根本拜舞，或者给树干亲吻。好像一群活泼的孩子环绕着慈母游戏，时时依恋在慈母的身边，或者扑进慈母的怀里去，让人看了觉得非常可爱。

自古以来，中国的诗歌常以杨柳为描写春天的材料，甚至称春天为"柳条春"。因为它很普遍，到处和人们亲近；那下垂的姿态，与和平美丽的春光十分调和。当别的花木都凭仗了阳光和雨水的滋润，而拼命向上爬时，只有它不会忘本，低垂下来，依恋着养育它的慈母。这种品格，不是很高贵吗？

【设计说明】

在香港启思版教材编写中，本文的学习内容涵盖以下五大方块：认读字词、应用字词、讨论和活动（包含1道引申题、2道复述题、3道整合题、1道创意题）、文化小识（杨柳的文化含义）、语文基础知识（引号的用法）。如果在实际教学中，教师将香港的教学要求、教学目标生搬硬套，照搬过来的话，明显会"水土不服"，既不合生情，也不合学情。为此，我在设计前先根据本班教学实际，拟定教学目标、教学重难点和设计思路，同时有目的地针对年段教学目标及学生已掌握的知识，对教学内容进行灵活组织，大胆取舍，有标准但不唯一，真正实现"用教材"而不是"教教材"。

【教案呈现】

香港启思版五年级下册第13课《杨柳》教学设计（第一课时）。

（一）教学目标

（1）学习生字词，理解"顾影自怜""凭仗"等词的意思。

（2）正确、流利、有感情地朗读课文，积累背诵文中的优美语句。

（3）理解文意，体会作者对杨柳的喜爱赞美之情，领悟托物言志的表达方法。

（二）重难点

（1）理解杨柳永不忘本的高尚品质，体会作者的珍爱赞美之情。

（2）了解作者独具慧眼的联想，领悟托物言志的表达方法。

（三）教学准备

（1）多媒体课件。

（2）收集杨柳及作者丰子恺的有关资料。

（四）课时安排

2课时（本设计为第一课时）。

（五）教学过程

课前互动：示图，生猜古诗（均与柳有关，为历代描写柳的名诗）。

1.眼中柳——感知形象

（1）聊柳、画柳、写柳（提醒学生注意"柳"字右边的书写），齐读课题。

（2）再说杨柳：同学们，看见杨柳，你想到了什么，谁来说一说？

（3）简介作者：80多年前，在中国有一位老人与柳结下了深深的不解之缘，他喜欢画柳、写柳，甚至连自己住在白马湖边的房子，也命名为"小杨柳屋"。这位白发长须、温柔敦厚的老人就是——丰子恺（1898—1975），浙江人，现代画家、作家、文学翻译家。我们曾学习过他写的《白鹅》。

2.文中柳——探索本源

（1）今天，让我们随丰子恺先生一起走近杨柳，去感受它的独特与美丽。

（2）生自由读文，要求读准字音、读通句子。

（3）同位互读，小老师带读，检查生词读音，正音。

（4）迅速浏览全文，提取关键词。作者看到杨柳，心中会涌起怎样的情感？（喜爱、赞美）

（5）世上没有无缘无故的"爱"，这到底是为什么呢？请默读课文第1—2自然段，思考：哪些字眼和语句流露着这样的情感？为什么？先找一找，再画下来，找好了，可以同桌交流说一说。

学生汇报：哪些词句流露出作者的赞美之情？

①第1自然段重点体会：美。

生汇报，出示句子，感情读（强调读出"喜爱"之情）。

通过教师引读，初步感知比喻句中的动态美和静态美。

你瞧，在暖暖的春阳中，柳叶儿像一个个铆足了劲的孩子，拼命地长啊长，女生读——

你看，在微微的春风中，柳条儿像一个个调皮的孩子，轻轻地画出了许多柔美的线条，男生读——

② 第2自然段重点理解："贱"体现在哪儿？理解其背后的含义——生命力强。从第2自然段中，你明白了什么？

（6）出示学习要求：默读第3—4自然段，小组思考，合作完成工作纸。

① 思考：杨柳和其他花木有什么不同？作者借它们表达了什么看法？

对比手法	不同之处	作者看法
杨柳	下垂、不忘根本	可爱（高贵）美丽
其他花木	向上、高高在上、顾影自怜	可恶又可怜

② 小组汇报，小结点明：作者抓住事物的特点，运用鲜明的对比手法，描写杨柳与其他花木不同的美好品质。

③ 自由回读第3—4自然段，找出自己最喜欢的句子，说说喜欢的原因。

师相机引导理解：大树参天、红杏出墙、顾影自怜及"慈母"句中的比喻手法。

④ 尝试背诵，积累喜欢的句子。

（7）过渡：杨柳，本是一种极平凡、极普通的树，但古往今来，却成为许多文人墨客笔下不朽的诗篇——（出示古今咏柳的诗句，请生自由诵读、积累。）

在诗中，人们或赞其美丽的姿态，或借它表达依依不舍的离别之情。丰子恺先生又想借杨柳告诉我们什么呢？

（8）浏览全文，迅速找一找，哪个自然段最能集中体现作者的情感。

（9）自由读第5自然段，思考质疑，重点解决学生不懂的字词或句子。

（10）齐读，联系本学期所学的《白杨》，体会本文的写作方法：托物言志。

3. 心中柳——抒写情怀

（1）过渡：杨柳没有松的挺拔、花的妩媚，但它既不因长在西子湖畔而高贵，也不因生在山乡村野而卑贱。它朴实无华、不忘根本；同时又柔韧坚强，点缀春光。正因如此，作者才觉得它可爱、顽强、高贵，才值得高歌赞美。

（2）同学们，世间万物的美好，需要我们像丰子恺先生这样，有一双善于发现的慧眼。请思考这些事物的特点，完成以下填空（鼓励学生积极思考，找出不同事物的特点或本质所在，再汇报）：

莲藕，＿＿＿＿＿＿。（虽然埋在乌黑的淤泥中，但它却可以供人们食用。）

煤，＿＿＿＿＿＿。（虽然埋在深深的地里，但它却可以燃烧，带给人们热量和温暖。）

骆驼，＿＿＿＿＿＿。（虽然样子丑陋，但它能长途跋涉，行走在干旱的沙漠上，为旅行者服务。）

（3）师小结，布置作业："有心栽花花不开，无心插柳柳成荫。"没想到在生命力顽强的杨柳身上，还包含了这么深刻、朴实的人生哲理。请同学们课后继续搜集、阅读有关柳的诗文，摘抄优美语句；也可以读读丰子恺先生写于1935年的原文。

板书设计（第一课时）：

$$13.\ 杨柳 \longrightarrow 赞美 \begin{cases} 生命力强 \\ 不忘根本 \\ 美丽可爱 \end{cases}$$
（托物言志）

【研讨现场】

片段一：执教者谈反思

《杨柳》是香港语文五年级教材第13课，改编自丰子恺的原作。课文主要通过写杨柳下垂的姿态，而别的树木都凭仗了东君的势力而拼命向上，一味好高，忘记了自己的根本，更突出了杨柳思"根"之情。文章语言浅显，平易近人，本班学生在通读之后已能较好地理顺文章思路，读懂文章写了什么。因此，在教学中，我将重点放在引导学生思考"为什么这样写？是如何表达的？"这两个方面。通过三大板块的教学，让学生在读中理解、读中感悟、读中积累；通过写练结合，提高学生语言的实践运用能力；并能联系古今诗文，让学生在拓展交流中体会杨柳的文化含义；结合本学期《白杨》一文的学习，轻松领悟"托物言志"的表达方法……

片段二：穗港两地教师交流互动

教师1（香港）：我对你们的语文知识教学很感兴趣。这篇课文中涉及的语文知识就包括两大内容：对比和比喻。请问你们平时是如何在课堂中进行教学的实施的呢？

教师2：我们平时的做法是，在学习课文的过程中先有所提及，然后精心设计一些适合孩子学习需要、能够调动孩子学习兴趣的活动，在说说写写的活动中巩固相应的知识。不过，我们总觉得把语文知识的学习从对课文内容的整体学习中抽离出来，不是最好的办法！所以在本节课中，我将对比学习融入工作纸中，让学生在小组思考合作的过程中自然而然地体会到鲜明的对比手法，然后再通过反复多层次的朗读感悟这样写的好处。

教师3（香港）：你们在学习活动中巩固、在实践中运用语文基础知识教学的策略，让我很有启发。当然，我们是不是可以让语文知识的教学有机渗透到对文本的阅读感悟过程中呢？

教师4：对，这也是我们的教学期望！如黎老师在整节课的教学中都把孩子带进诗般的美景中，从头到尾通过首首表现杨柳之美的诗句贯穿全文的学习，边学文，边感悟中国古典文学的精髓。课前黎老师就通过"看图猜诗"游戏让学生在轻松的环境中，回顾之前所学的诗篇，再次回顾古人精简文字之美；上课伊始黎老师通过"烟花三月下杨州"一句千古名句带入学习，板画杨柳，引导观看"柳"字的特点，学习书写"柳"字；课中，又展示了《诗经》《春夜洛城闻笛》《游山西村》《村居》4首描写杨柳的古诗，通过详细分析讲解《诗经》体会古人已对柳树生"爱"之情；最后黎老师再以一句"有心栽花花不开，无心插柳柳成荫"总结了课文中杨柳精神的独特，这些知识的渗透都是贯穿整个课堂教学的。

教师5：随着新课程的实施，"读"在语文课堂上也越来越"热"。这比以前的阅读教学多分析、少朗读的情形，实在是一大进步，但也不难发现"重视读"这一理念在有些课堂实践中产生了一些偏差。比如，为读而读，朗读无目的；读悟分家，多朗读少思考等。可黎老师的这节课"读"贯穿始终，但不是没有目的地读，每次读都有具体的目的。比如，浏览全文，找出一个关键词，表达作者看到杨柳的心情；作者为什么那么爱杨柳呢？默读第1、2自然段，从文中哪些地方流露出作者的赞美之情；默读第3、4自然段，小组思考、交流杨柳和其他花木有什么不同，作者借它们表达了什么看法；再读，找出自己喜欢的句子并想想原因。黎老师每次对读的要求都说得很清晰，在课堂中孩子们的学习情况，也体现出他们的"读"是落到实处，边读边悟。

教师6：黎老师对学生读课文除了每次都有要求外，读的方式也有所不同：集体读、个别读、小老师带读、男女生读、快速浏览、大声读、默读，等等。不同形式的读也有不同的功能。默读第1、2自然段和第3、4自然段，有利于孩子边读边对文字进行揣摩，理解课文的内容；指名朗读可以给对文本有不同感悟的学生施展个性的空间，如几个学生读课文第1自然段最后一句时都读出了不同的喜爱之情；小组朗读，完成练习给予学生们交流学习的时间，学生们在小组中不但朗读了，而且通过"工作纸"真正落实了小组学习的任务，体现出小组的学习情况。再如，第4自然段两个句子的朗读，黎老师不但让学生个体读、分男女生读，而且让学生熟读成诵，更好地由读入心，使学生对作者赞美杨柳的心情体会得更深入。

教师7（香港）：我也认同。如为了更深入、准确地体验情感，黎老师指导学生学习完第3、4自然段后，再次让学生轻声读这两段，找出自己认为写得最美的句子，使学生在课堂上积累了更多的语言文字，学生也在细节中获得情感，升华情感。比如，从"如像一群活泼的孩子……非常可爱"，看出作者运用了比喻的手法，把杨柳比作可爱的孩子，把根比作母亲；从"花木都是向上发展的……贪图自己的荣华"中的"顾影自怜"体会到其他花木的自私忘本，更突出杨柳的不忘根本，这也是从读中悟懂了文章的难点和重点。这正是我们香港教师在教学中最难的，很多时候，我们教完，还发现孩子没有真正领会文章的意思，看来真要多向内地教师学习。

教师8：在黎老师的这节课教学中，还较好地体现出了人文性与工具性的统一。课堂中有多处让学生进行文字训练的活动，通过不同的活动，学生们体会深刻，并能迁移到课外，使课堂教学走出课室，回归生活。比如，用黎老师设计的"如果你现在是插在花瓶的花朵，你想说什么？"学生们想象发挥特强，有的说到自己终于摆脱了母亲的束缚，自由了；有的感受体现到自己的尊贵；有的还感受到宁愿要一时的光荣，也不要一世的束缚。这样的训练，使学生们入情入境当了一回美花，同时也由此更突出了杨柳"不忘根本"的优良品质。又如，黎老师和孩子读懂了作者的心——"托物言志"之后，进行了"思考事物特点，完成填空"的练习题，通过"莲藕、煤、骆驼"来感悟它们的特点，同时还让学生发挥想象，联系生活实践。这样的训练，充分体现了学生在课堂上的主体地位，也给学生提供了一次与文本对话，与作者对话，走进作者的内心世界，明白作者写杨柳的根本目的，既训练了学生的表达，也使情感得以升华，使课堂教学真正实现扎实高效。

教师9（香港）： 对，这次观课黎老师在课堂中巧妙地引导学生入情入境，给我留下了非常深刻的印象。看来，在阅读感悟中有机渗透对比知识，在活动情境中尝试运用对比方法，香港教师在这方面还要继续努力，让高效课堂成为两地教师的共同追求！

四、结语篇

一份教案，一次观课议课，一场教学专题研讨，集结了学校语文科组教师与香港教师双方的智慧。活动之后，香港中文大学普通话教育研究及发展中心的领队张老师殷切提出，希望黎老师能将这次执教的《杨柳》教案发给她，以便用作他们下一阶段教师培训用的案例。

你有一个思想，我有一个思想，彼此分享，碰撞出令人欣喜的火花。通过这次观课议课、研讨交流活动，大家彼此分享两地教学经验，优化教学成效，推动教研风气，更好地促进内地与香港教师的教学文化交流协作。其实，内地也好，香港也好，构建学习型高效课堂是小语界不容回避的一个问题。虽然文化背景有异，教材编排不同，教学实施有别，但我们有着共同的教学追求：凭借课堂教学，奠定学生语文素养的坚实根基，促进学生语文能力的综合发展，使语文教学真正挥手告别费时低效的"无用功"时代！

第二辑 创新课堂 光彩重生